Berta Lúcia Pereira Villagra
Rony Ristow
Francini Imene Dias Ibrahin

Reconhecimento e Seleção de Plantas
Processos, Morfologia, Coleta e Ciclo de Vida

1ª Edição

Dados Internacionais de Catalogação na Publicação (CIP)
(Câmara Brasileira do Livro, SP, Brasil)

Villagra, Berta Lúcia Pereira
Reconhecimento e seleção de plantas : processos, morfologia, coleta e ciclo de vida /
Berta Lúcia Pereira Villagra, Rony Ristow, Francini Imene Dias Ibrahin. -- São Paulo : Érica, 2014.

Bibliografia.
ISBN 978-85-365-0848-1

1. Botânica 2. Morfologia 3. Plantas 4. Plantas - Classificação
I. Ristow, Rony. II. Ibrahin, Francini Imene Dias Ibrahin. III. Título.

14-07399

CDD-581.4

Índices para catálogo sistemático:
1. Plantas : Botânica   581.4

Copyright © 2014 da Editora Érica Ltda.

Todos os direitos reservados. Nenhuma parte desta publicação poderá ser reproduzida por qualquer meio ou forma sem prévia autorização da Editora Érica. A violação dos direitos autorais é crime estabelecido na Lei nº 9.610/98 e punido pelo Artigo 184 do Código Penal.

Coordenação Editorial:	Rosana Arruda da Silva
Capa:	Maurício S. de França
Edição de Texto:	Beatriz M. Carneiro, Silvia Campos
Preparação de Texto:	Halime Musser
Produção Editorial:	Adriana Aguiar Santoro, Dalete Oliveira, Graziele Liborni, Laudemir Marinho dos Santos, Rosana Aparecida Alves dos Santos, Rosemeire Cavalheiro
Editoração:	Villa d'Artes Soluções Gráficas
Produção Digital:	Alline Bullara

Os Autores e a Editora acreditam que todas as informações aqui apresentadas estão corretas e podem ser utilizadas para qualquer fim legal. Entretanto, não existe qualquer garantia, explícita ou implícita, de que o uso de tais informações conduzirá sempre ao resultado desejado. Os nomes de sites e empresas, porventura mencionados, foram utilizados apenas para ilustrar os exemplos, não tendo vínculo nenhum com o livro, não garantindo a sua existência nem divulgação. Eventuais erratas estarão disponíveis para download no site da Editora Érica.

Conteúdo adaptado ao Novo Acordo Ortográfico da Língua Portuguesa, em execução desde 1º de janeiro de 2009.

A ilustração de capa e algumas imagens de miolo foram retiradas de <www.shutterstock.com>, empresa com a qual se mantém contrato ativo na data de publicação do livro. Outras foram obtidas da Coleção MasterClips/MasterPhotos© da IMSI, 100 Rowland Way, 3rd floor Novato, CA 94945, USA, e do CorelDRAW X5 e X6, Corel Gallery e Corel Corporation Samples. Copyright© 2013 Editora Érica, Corel Corporation e seus licenciadores. Todos os direitos reservados.

Todos os esforços foram feitos para creditar devidamente os detentores dos direitos das imagens utilizadas neste livro. Eventuais omissões de crédito e copyright não são intencionais e serão devidamente solucionadas nas próximas edições, bastando que seus proprietários contatem os editores.

> **Seu cadastro é muito importante para nós**
> Ao preencher e remeter a ficha de cadastro constante no site da Editora Érica, você passará a receber informações sobre nossos lançamentos em sua área de preferência.
> Conhecendo melhor os leitores e suas preferências, vamos produzir títulos que atendam suas necessidades.

Contato com o editorial: editorial@editoraerica.com.br

Editora Érica Ltda. | Uma Empresa do Grupo Saraiva

Rua São Gil, 159 – Tatuapé
CEP: 03401-030 – São Paulo – SP
Fone: (11) 2295-3066 – Fax: (11) 2097-4060
www.editoraerica.com.br

Agradecimentos

À minha mãezinha Luzia, por todo amor e incentivo nas minhas aventuras pelo mundo das plantas. A todas as avós, assim como a minha avó Florinda, que me ensinou a plantar e cuidar do jardim. Aos alunos do curso de Ciências Biológicas da UFFS, que contribuem com as aulas de Botânica e as tornam agradáveis momentos de descoberta de um mundo novo, inclusive para mim.

Berta Lúcia Pereira Villagra

À Neuri Ribas Ristow, minha mãe, que me ensinou a olhar para as plantas e perceber a beleza que nelas existem, pois são as digitais do Grande Artista. Ao Denilson Fernandes Peralta pelo conhecimento compartilhado que contribui significativamente para o profissional que sou, assim como seu exemplo de pessoa solícita que contagia a todos que o conhecem. Ao Ludivan Alves da Silva e Wellington Tonquelski Ferreira pela motivação e companhia tanto em campo quanto nas rotinas do herbário.

Rony Ristow

À minha querida e amada mãe, Maria do Rosário, que adora plantas.

Francini Imene Dias Ibrahin

Sobre os autores

Berta Lúcia Pereira Villagra é bióloga, formada pela Universidade de Mogi das Cruzes (2000), mestre e doutora em Biodiversidade Vegetal e Meio Ambiente. Tem como linha de pesquisa Flora e Fitossociologia de plantas com flores. Atualmente é professora de Botânica da Universidade Federal da Fronteira Sul, no *campus* Realeza, no Paraná.

Rony Ristow é biólogo, formado pela Universidade Positivo (2013) e mestrando em Botânica na Universidade Federal do Paraná. Atua na linha de pesquisa de Taxonomia de Briófitas. Atualmente é curador do Herbário IRAI, no Parque da Ciência Newton Freire Maia, na cidade de Pinhais, Paraná.

Francini Imene Dias Ibrahin é mestre na área Ambiental pela Universidade Federal do Amapá. É escritora, advogada ambientalista e professora em São Paulo. Atualmente é pesquisadora na área ambiental e autora de vários artigos e livros, como *Educação Ambiental*, *Legislação Ambiental* e *Geoprocessamento Ambiental*.

Sumário

Capítulo 1 – Como Identificar as Plantas 9

    1.1 Reconhecimento das plantas 9

    1.2 Por onde começar a identificação de uma planta 11

    1.3 Processo de identificação 13

    1.4 Nome científico x nome vulgar 15

    1.5 Monte uma coleção didática de plantas 15

    1.6 As plantas e seus grupos 16

    Agora é com você! 19

Capítulo 2 – Briófitas 21

    2.1 Reconhecendo os grupos 21

    2.2 Quem são as briófitas 22

    2.3 Morfologia 24

    2.4 Como coletar as briófitas 27

    2.5 Começando a identificar as briófitas 30

    2.6 Briófitas mais comuns 31

    Agora é com você! 34

Capítulo 3 – Licófitas, Samambaias e Pinheiros 35

    3.1 O que são licófitas e samambaias? 35

    3.2 Morfologia 39

    3.3 Como coletar 42

    3.4 Começando a identificar 42

    3.5 O que são os pinheiros? 45

    3.6 Morfologia vegetal 45

    3.7 Grupos principais 48

    3.8 Como coletar gimnospermas 52

    Agora é com você! 54

Capítulo 4 – Plantas com Flores e Frutos.. 55

    4.1 O que são as plantas com flores e frutos? 55

    4.2 Morfologia vegetal 56

    4.3 Grupos principais 60

        4.3.1 Por semelhança com plantas reconhecidas popularmente................61

        4.3.2 Por meio de chave de determinação 63

4.3.3 Por características conhecidas como tipo de fruto 64

4.3.4 Por características conhecidas como formato de flor 66

4.3.5 Pela presença de látex 67

4.3.6 Pelo hábito trepador 72

4.3.7 Pelo hábito parasitário 72

4.4 Como coletar plantas com flores e frutos 75

4.4.1 O que coletar? 77

4.4.2 O que anotar? 77

4.4.3 Como herborizar? 77

Agora é com você! 79

Capítulo 5 – Vida e Mortalidade das Plantas 81

5.1 Hábitos ou formas de vida 81

5.2 A fecundação e a formação da semente 85

5.2.1 Dormência nas sementes 86

5.2.2 Causas de dormência das sementes 87

5.2.3 Alguns processos para quebra de dormência das sementes 87

5.3 Tempo de vida das plantas 90

5.4 A mortalidade das plantas 96

5.5 Como plantar e onde plantar 96

5.6 Reconhecendo ambientes 97

Agora é com você! 100

Capítulo 6 – Pesquisador Amador e Profissional 101

6.1 O pesquisador 101

6.2 Estudos com plantas medicinais 103

6.3 Estudos com plantas ornamentais 106

6.4 Estudo de um forófito 110

6.5 Estudo de árvores das praças 112

6.5.1 Estudo de caso: praças em São Paulo 112

6.6 Estudando uma família botânica 113

Agora é com você! 117

Bibliografia 119

Apresentação

Amigo leitor, apresentamos a obra *Reconhecimento e Seleção de Plantas* com o intuito de discutir assuntos de interesse geral e atender a demanda de cursos em constante crescimento, mediante uma linguagem simples, didática e objetiva.

Essa obra foi estruturada com fotos, ilustrações e exemplos que estão presentes em nosso cotidiano. Ao final de cada capítulo, inserimos exercícios práticos. O livro possui seis capítulos distribuídos da seguinte forma:

Capítulo 1 – Como Identificar as Plantas: apresenta o processo de determinação do nome de uma planta. As etapas do processo, dicas de como realizar uma boa coleta e que características são importantes para descrever a morfologia e identificar uma planta.

Capítulo 2 – Briófitas: apresenta as características das briófitas, sua morfologia e os principais grupos. Também fornece informações sobre os procedimentos para coleta e dicas de campo para reconhecimento de algumas briófitas comuns.

Capítulo 3 – Licófitas, Samambaias e Pinheiros: explica como identificar os principais grupos de plantas. O capítulo se inicia com licófitas e samambaias, seguidas dos pinheiros. Para cada grupo, é apresentada a morfologia para o reconhecimento, os subgrupos e como coletar essas plantas.

Capítulo 4 – Plantas com Flores e Frutos: demonstra como é o processo de reconhecimento das plantas com flores. Explica que as plantas com flores são o maior e mais importante grupo ambiental existente. Aborda quem são as principais famílias e quais características essas plantas com flores apresentam.

Capítulo 5 – Vida e Mortalidade das Plantas: apresenta as formas de vida existentes de plantas. A dormência da semente, como quebrá-la e as espécies importantes para plantio em áreas degradadas. Como é o tempo de vida e que fatores causam a mortalidade das plantas. Como reconhecer ambientes através das plantas e características de ambientes conservados.

Capítulo 6 – Pesquisador Amador e Profissional: explica como podem ser desenvolvidas pesquisas com os diferentes grupos de plantas. Aborda a possibilidade de desenvolver material e ou coleção sobre um tema como plantas ornamentais e medicinais em praças e árvores isoladas.

Bons estudos!

Os autores

Como Identificar as Plantas?

Para começar

Este capítulo tem como objetivo demonstrar como é o processo de determinação do nome de uma planta. Detalhamos as etapas do processo, dicas de como realizar uma boa coleta e que características são importantes para descrever a morfologia e, consequentemente, identificar uma planta.

1.1 Reconhecimento das plantas

É bem provável que você já tenha se deparado com uma planta que lhe chamou atenção por ser utilizada na alimentação ou uma árvore florida na praça perto de sua casa. E, naquele momento, você se perguntou que árvore ou planta era aquela. Na Figura 1.1 é ilustrado um conjunto de plantas que apresentam formatos diferentes, e suas características particulares são importantes para aprendermos a identificá-las.

Ao considerar quem iniciou uma classificação das plantas podemos citar Teofrasto, que nasceu por volta do ano de 370 a.C.. Ele foi um filósofo na Grécia Antiga, sendo considerado o pai da botânica. Teofrasto analisou as aplicações medicinais e supostos benefícios das plantas. Primeiramente classificou-as conforme tamanho ou textura, podendo ser árvores, arbustos e ervas (Figura 1.2).

Podemos citar também Dioscórides (século I a.C.), médico do exército romano e estudioso das propriedades medicinais das plantas. Em sua obra *De matéria médica*, ele descreveu cerca de 600 espécies de plantas, 35 produtos animais e 90 amostras minerais, indicando propriedades e forma de utilização. Suas análises foram consideradas e reconhecidas como referência durante 16 séculos.

Figura 1.1 – Variedades de plantas. A forma das folhas ou das flores, a coloração e o tamanho, como altura da planta ou largura da folha, contribuem na separação e posterior identificação.

Vamos conhecer um exemplo histórico da descrição de plantas.

Figura 1.2 – Estampa da obra de Teofrasto, na qual são descritas aproximadamente 500 espécies de plantas.

> **Amplie seus conhecimentos**
>
> Teofrasto foi discípulo de Platão e Aristóteles, sendo Tirtamos o seu nome verdadeiro. Aristóteles o apelidou de Teofrasto, que significava "o que tem eloquência divina". Após a morte de Platão, acompanhou Aristóteles em viagens para Assos e Mitilene, quando iniciou importantes estudos sobre a natureza. Teofrasto partia da premissa que a observação direta era o único meio de compreender e analisar a realidade ao redor. Com a morte de Aristóteles, assumiu a direção do Liceu, escola fundada por seu mestre, local onde lecionou durante 35 anos. Antes de falecer, doou todos os seus bens para os discípulos e para a instituição. Foi autor de mais de duzentos livros sobre inúmeros temas como filosofia, política, legislação, botânica. Sua obra mais reconhecida e ainda citada são refere-se às plantas (nove livros do ano de 314 a.C.).
>
>
>
> Figura 1.3 – Teofrasto. Muitos nomes de plantas criados por ele ainda são utilizados hoje.
>
> Para saber mais, acesse o *link*: http://www.infopedia.pt/$teofrasto,2.

1.2 Por onde começar a identificação de uma planta

A morfologia vegetal ou a organografia é o ramo da botânica que trata dos termos utilizados para denominar as partes dos vegetais, em especial o lado externo da planta. É uma área de grande importância para quem quer se dedicar à identificação de uma planta ou ao reconhecimento das espécies na vegetação.

Caracterizar estruturas como raiz, caule e folhas é importante, mas as flores, que são as partes reprodutivas, são necessárias para a identificação de determinados níveis específicos, como o nível de espécie.

Além de consultar livros para reconhecer as características de uma planta, é fundamental realizar anotações sobre os tipos de folhas. Na Figura 1.4, as folhas são opostas, apresentam inflorescência e panículas, e cada flor representa um pequeno conjunto chamado "capítulo", característica marcante na família em questão.

Figura 1.4 – Esquema de uma planta. *Mikania sericea* é da família das populares margaridas, família Asteraceae.

Existem glossários para consultar a definição de uma peça floral, como livros de organografia e morfologia, citados acima, que detalham o corpo da planta. Outro tipo de material bibliográfico para auxiliar na denominação das plantas são as chaves de determinação de espécies, porém nem sempre são acessíveis para todos os grupos de plantas. Na internet, estão disponíveis algumas chaves em dissertações de mestrado ou teses de doutorado.

Quadro 1.1 – Principais métodos para determinar o nome de uma planta

Métodos	Como proceder
Anotações sobre o hábito da planta, a disposição das folhas, a composição da flor e a contagem das peças florais.	Utilizar chave de determinação para família e, posteriormente, para espécies. A partir de um nome suspeito (nome popular, gênero ou família) você pode pesquisar on-line imagens e verificar se alguma delas é semelhante à planta que deseja identificar.
Visitar um herbário.	Pesquise um herbário próximo e agende uma visita.
Identificar por comparação no herbário.	Ao suspeitar de poucas espécies ao analisar o nome científico, faça uma comparação dentro do herbário.
Enviar materiais para especialistas.	Ao identificar a família de uma planta, é possível encontrar on-line um especialista e entrar em contato para enviar fotos e/ou a planta que gostaria de identificar.

As anotações sobre a planta, inclusive o nome popular, podem ser de grande utilidade no reconhecimento da família. As informações que devem ser anotadas:

» características do habitat (aquático, terrestre, palustre);

» hábito e forma de vida (arbóreo, arbustivo, herbáceo, trepadeira, epífita, parasita);

» altura do indivíduo coletado (sem o altímetro, toma-se como referência a vara de podão ou peça a um ou mais colegas para ficar ao lado da árvore a ser medida. Tome distância e verifique quantas varas ou colegas "cabem" um sobre o outro na altura da árvore, para designar a altura aproximada).

» cor das flores e das folhas, textura, odor, ocorrência de látex e resinas etc. Sempre que possível, as cores devem ser associadas à carta de cores.

Amplie seus conhecimentos

O que é um herbário? Onde encontrar um?

Herbário é uma biblioteca de plantas desidratadas e organizadas geralmente em ordem alfabética de família, gênero e espécie, que tem a função de preservar as plantas de uma época ou determinado local por meio de coleção, transformando as plantas em documentos. Podem existir coleções somente de plantas com flores; coleções de briófitas (musgos, hepáticas e antóceros); coleção de frutos e sementes chamada de carpoteca; de lenhos chamada xiloteca; e de outros grupos ou partes de plantas em um herbário.

No site da Rede Brasileira de Herbários (http://www.botanica.org.br/rede_herbarios.php) você encontra herbários em seu Estado ou ainda pode escrever para qualquer outro onde trabalhe o especialista na família de seu interesse.

1.3 Processo de identificação

Um indivíduo que ocorre naturalmente em uma região é chamado de espécie nativa. Caso contrário, temos a espécie exótica, que provém de outro território e se estabelece sozinha com ação humana.

Nosso país é biodiverso em espécies, e esse fator gera dificuldades porque são muitas espécies a serem descritas. Vamos exemplificar o processo de determinação ou identificação de uma espécie conforme a Figura 1.5.

Figura 1.5 – Ramo de árvore nativa coletado em borda de mata. Utilize a chave de determinação como a que segue.

> **Fique de olho!**
>
> Conhecendo uma chave dicotômica
>
> Uma chave de determinação tradicionalmente pode ser dicotômica, ou seja, há a divisão lógica de um conceito em dois conceitos geralmente contrários. Pelas anotações da planta que se quer identificar, são feitas escolhas na primeira coluna; a segunda coluna vai indicar o caminho, que pode ser uma chave separada, a página da frente ou o item na mesma página. Faremos esse procedimento até encontrarmos a família ou a espécie na linha da direita.

No Quadro 1.2 foram destacados dois trechos de uma chave de determinação para árvores. No primeiro trecho há as opções 1a e 1b. Ao consultarmos o conceito de dicotiledôneas, encontramos as plantas de folhas com nervuras em forma de "rede", assim optamos pelo item 2.

Quadro 1.2 – Chave de determinação

1a	Monocotiledôneas	Chave A
1b	Dicotiledôneas	2
2a	Folhas compostas	3
2b	Folhas simples	6
3a	Folhas digitadas	5
3b	Folhas pinadas ou bipinadas	Chave B

No item 2, temos a divisão entre 2a e 2b, teremos que escolher entre folhas compostas e simples, se verificarmos na foto, a planta coletada tem folíolos, ou seja, é de folhas compostas, seguimos então para o item 3. Nesse item, as opções são: 3a folhas digitadas ou 3b folhas pinadas ou bipinadas, se fossemos conferir em um glossário ou livro de organografia, a folha digitada tem esse nome porque se parece com a palma da mão com dígitos enquanto a pinada se refere a uma pena, como aquelas de ave. Ao observar a foto, temos uma folha pinada; assim chegamos a resposta Chave B.

A primeira opção escolhida se refere a folhas pinadas (1 pena) ou bipinadas (2 penas) conforme a Figura 1.6. No item 2, as opções estão em folíolos de 5 a 9 e de 10 a 18. Assim que chegamos a espécie *Schinus terebinthifolius*.

(A)   (B)

Figura 1.6 – (A) Folha pinada com 10 folíolos; (B) folha bipinada com aproximadamente seis folíolos e cada folíolo subdividido em 10 foliólulos de 2ª ordem.

Quadro 1.3 – Trecho da Chave B da chave de determinação

1a	Folhas pinadas	2
1b	Folhas bipinadas	3
2a	Folíolos de 5-9	*Schinus terebinthifolius*
2b	Folíolos de 10-20	*Machaerium uncinatum*

1.4 Nome científico x nome vulgar

Quando nos reportamos a uma espécie, o nome popular é de grande utilidade. É por meio dele podemos levantar informações de plantio, propriedades medicinais. Entretanto, há plantas de grupos diferentes com o mesmo nome vulgar. Cada região do país utiliza seus nomes populares, ou seja, a denominação não é universal. Exemplo: a pimenta é um nome utilizado para, pelo menos, 18 espécies.

O nome científico é escrito em latim, que foi utilizado para descrever as espécies no passado, e a grafia de seus nomes continua sendo no idioma. Assim, qualquer país utiliza o mesmo nome quando se refere a uma espécie, sem traduções, e há confiabilidade de que aquela espécie é única.

Vamos entender a expressão ao lado, que se refere ao pau-brasil. O nome científico é sempre composto por dois nomes seguidos do autor que a descreveu. Em geral, o nome do autor está abreviado. No exemplo a seguir, Lam. é a abreviação de Jean Baptiste Lamarck.

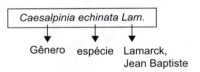

1.5 Monte uma coleção didática de plantas

Uma coleção didática parece um desafio, mas não é. Assim que iniciar as coletas de um grupo escolhido de plantas, dedique-se à identificação e à montagem da coleção.

Sugestões:

» Colete ramos ou plantas inteiras como as ervas que cabem em uma folha 21 × 28 cm;

» Prense o material coletado dentro de folha de jornal e/ou por fora de papelão, para que a planta mantenha-se esticada, e amarre o conjunto para que a planta não caia do jornal (no Capítulo 4 há mais detalhes de como proceder). Em seguida, leve em estufa a 60 ºC ou coloque lâmpadas dentro de uma caixa de madeira;

» Depois de seca, coloque a planta sobre um papel cartão branco, costure-a com três a cinco pontos para fixá-la no material. Em seguida prepare a etiqueta com os dados necessários para a coleção, como nome da família, espécie e nome popular.

» Organize essa coleção didática em sacos plásticos, protegendo-a de quebras. É importante que o conjunto esteja acessível para consulta em um local seco.

> **Fique de olho!**
>
> Considere certa curiosidade sua a respeito de um grupo de plantas, sendo ele medicinal, ornamental, alimentício ou simplesmente de frutos e sementes. Como é possível organizar um guia didático para consulta?
>
> Sugestão: estabeleça um padrão para fotografar. Coloque a planta em cima de uma cartolina branca ou um pano de veludo preto e verifique os detalhes das folhas, analisando as nervuras e os aspectos da flor. Lembre-se de colocar uma régua ao lado da planta para referenciar o seu tamanho.
>
>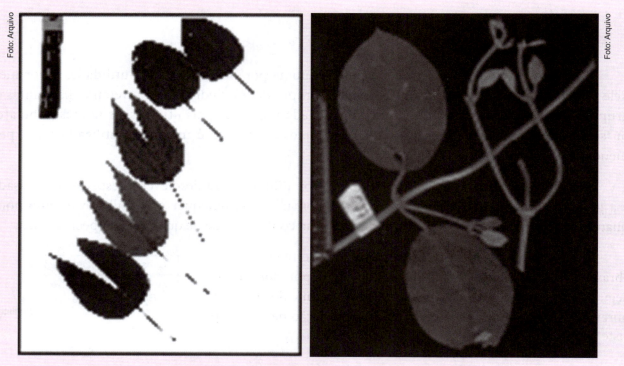
>
> Figura 1.7 – Dois exemplos de fotos de plantas com fundo branco e preto sugeridos para padronizar a preparação de material didático e científico.
>
> Para conhecer guias de plantas do mundo por país ou região acesse: http://fm2.fieldmuseum.org/plantguides/rcg_intro.asp

1.6 As plantas e seus grupos

Comumente identificamos as plantas que nos chamam mais atenção, como árvores ou aquelas com flores vistosas, porém há grupos que passam despercebidos todos os dias.

No caminho que percorremos diariamente para realizar nossas atividades, é possível encontrar algas na arborização urbana, sobre o solo do jardim ou em represamentos de água. Em geral, nas árvores, seu o aspecto é verde, com manchas de formato arredondado; já flutuando na água, como suas células são muito diminutas, não é possível perceber as folhas, que apresentam aspecto viscoso (Figura 1.8).

Figura 1.8 – Lago. A superfície está coberta de algas que nem sempre são percebidas pelas pessoas.

O grupo de musgos, conhecidos e confundidos com algas por serem verdes e pequenos, é pouco notado no dia a dia. Podem estar no solo, nas árvores, sobre rochas, folhas etc. Nesse grupo específico conseguimos verificar pequenas folhas de 2 a 3 mm. No Capítulo 2 serão detalhados mais aspectos dessas miniplantas (Figura 1.9).

Figura 1.9 – Musgos crescendo em conjunto. Eles utilizam a umidade da superfície que habitam.

Um grupo muito interessante é o das pteridófitas, conhecido popularmente como samambaias, cavalinhas, avencas e xaxins. Algumas características como folíolos maiores e porte ajudam a reconhecer essas plantas (Figura 1.10).

Figura 1.10 – Samambaia-paulista. São representantes das pteridófitas.

As Gimnospermas são plantas que incluem representantes de árvores, como o pinheiro-do-paraná, que é nativo do nosso país, e outras espécies típicas de regiões frias do mundo. Os pinheiros são conhecidos pelos pinus, cedros, sequoias, ciprestes. Essas plantas geralmente são árvores sem flores, e apresentam estróbilos conhecidos como cones ou pinhas (Figura 1.11).

Figura 1.11 – Cone de pinheiro (*Larix* sp). É a parte reprodutiva da espécie que vai formar as sementes.

Já as Angiospermas é o nome dado ao maior grupo de todos. São as espécies que apresentam flores e suas sementes são protegidas por frutos. Incluem-se as espécies frutíferas, madeireiras, ornamentais, medicinais etc. Como a diversidade é muito alta, há flores diminutas de 1 a 2 mm até flores de 30 cm (Figura 1.12).

Figura 1.12 – Inflorescências de camomila (*Matricaria chamomilla*). As flores que compõem a porção amarela são muito diminutas.

Vamos recapitular?

Aprendemos como identificar uma planta, mostrando uma parte do processo que inclui a chave de determinação. Apresentamos sugestão de montagem de uma coleção e um guia fotográfico, ferramentas importantes para um botânico. Vale lembrar que é preciso treino para ser um bom botânico. Ainda citamos brevemente quais os principais grupos de plantas encontrados no nosso dia a dia.

Agora é com você!

1) Colete oito folhas de plantas diferentes e identifique o nome solicitado na primeira coluna, conforme o guia de ilustrações a seguir. Você deve copiá-lo em seu caderno.

Planta	1	2	3	4	5
Simples/composta					
Peciolada / invaginante / séssil					
Forma do limbo					
Base / ápice					
Margem					
Nervação					
Consistência					
Filotaxia					

Como Identificar as Plantas?

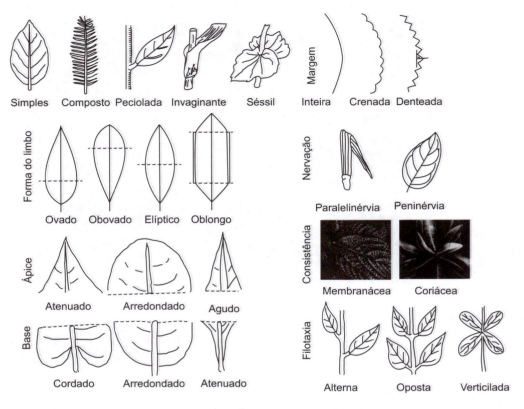

2) Escolha uma planta que você conhece para fazer uma descrição científica. Utilize a prancha acima como referência, anotando cada característica do seu material.

3) Identifique as semelhanças que caracterizam a família botânica Fabaceae nas duas imagens abaixo.

4) Pesquise 10 espécies de árvores madeireiras do ecossistema de Mata Atlântica e produza um painel com as imagens das árvores e das folhas e seus nomes científicos.

2

Briófitas

Para começar

Este capítulo tem por objetivo apresentar as características das briófitas, a morfologia e os principais grupos. Também fornecer informações sobre os procedimentos para coleta e dicas de campo para reconhecimento de algumas briófitas comuns.

2.1 Reconhecendo os grupos

Ao observarmos um tronco de árvore em ambiente úmido, é comum perceber a existência de uma grande quantidade de outros organismos vivendo sobre ele (Figura 2.1). Pequenos insetos, uma infinidade de líquens e também pequenas plantas.

Os líquens são associações de algas e fungos e considerados um ramo à parte dentro da botânica, estudado pelos liquenólogos. Muitos insetos passam todo seu ciclo de vida nesse microecossistema sem nunca precisar descer ao solo ou mudar para outro tronco.

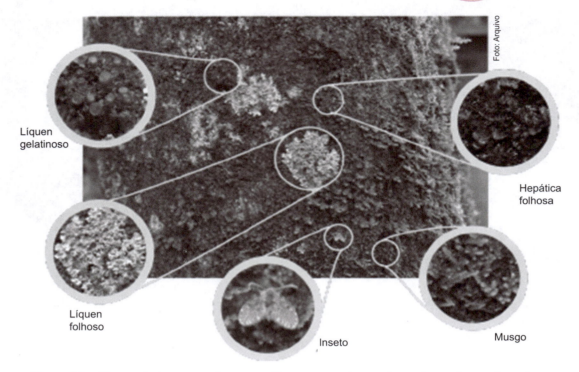

Figura 2.1 – Tronco de árvore recoberto por diversos organismos vivos, alguns destacados acima.

2.2 Quem são as briófitas

Muitos de nós já nos deparamos com as minúsculas florestas formadas pelos verdadeiros tapetes de musgos (Figura 2.2). Algumas pessoas utilizam, inclusive, essas plantinhas nos terrários, em vidros de conserva, nos aquários ou nas lâmpadas (Figura 2.3).

Figura 2.2 – Conjunto ampliado de briófitas.

Figura 2.3 – Terrário evidenciando briófitas como ornamentação.

Musgo é o nome popular para um conjunto de plantas muito pequenas que crescem em abundância geralmente em locais úmidos. No meio científico, a palavra utilizada é "briófita", termo grego que significa musgo. Mas nem todas as plantas pequenas são musgos. Vamos compreender um pouco mais.

As briófitas são plantas simples que não possuem vasos condutores, como uma árvore ou um tomateiro. Sua reprodução é dependente de água, por isso são abundantes em locais úmidos, porém, não se limitando a eles, pois são encontradas em geleiras e desertos. Podem sobreviver submersas em rios, lagos e tanques de bromélias, sobre rochas, no solo, em troncos de árvores vivas ou mortas, nas construções humanas e até sobre folhas vivas (Figura 2.4). Essas espécies só não vivem no ambiente marinho.

Figura 2.4 – Hepáticas crescendo sobre folha viva.

Para um observador desatento, podem parecer todas iguais, mas olhando com mais cuidado e com o auxílio de uma pequena lupa, percebemos diferentes cores e formas que levaram à descoberta de cerca de 15.000 espécies no mundo. Pelo menos 1.500 espécies são encontradas no Brasil. Ou seja, essas pequenas plantas são o segundo maior grupo de plantas do mundo.

Esse grupo de plantas tem grande importância comercial entre os floricultores, pois, como acumulam muita água, são utilizados para conservar arranjos florais. Infelizmente essas plantas, na sua grande maioria, são retiradas da natureza sem nenhum estudo de quanto tempo necessitam para se regenerar, ou uma listagem de espécies são comercializadas.

Amplie seus conhecimentos

As briófitas desempenham vários papéis importantes no ambiente. Elas absorvem água com muita facilidade e, portanto, são fundamentais para manter a umidade do ar elevada nas florestas. Esfagnos, por exemplo, comuns em arranjos florais, conseguem acumular até vinte vezes seu peso seco em água. Isso significa que um quilograma de esfagno seco pode absorver quase um galão de vinte litros de água!

Essas plantas também retiram carbono da atmosfera durante a fotossíntese, por isso, no Hemisfério Norte, por serem muito abundantes, tornam-se equivalentes às florestas por sua capacidade de reservar carbono.

Muitas espécies não toleram poluição, fazendo com que sejam ótimos indicadores de qualidade ambiental.

Ainda existem os que acidificam o solo a ponto de evitarem a ação de decompositores preservando, inclusive, corpos humanos durante centenas de anos. Esses corpos são conhecidos como "múmias do pântano" e a maioria foi encontrada na Dinamarca, Irlanda, Inglaterra e Alemanha, onde são comuns pântanos ou brejos com esse tipo de musgo.

Veja mais em http://viajeaqui.abril.com.br/materias/seres-da-lama.

2.3 Morfologia

Para a melhor compreensão do grupo é necessário conhecermos mais alguns termos técnicos. As briófitas não possuem raiz, caule e folhas, mas estruturas equivalentes: rizoides, caulídios e filídios, respectivamente. Em folhas é comum encontrarmos nervuras; em musgos podemos encontrar uma costa, que é análogo à nervura central das folhas (Figura 2.5).

Para estudos mais aprofundados é necessária a observação de detalhes nos filídios e caulídios. Assim como nas folhas, as margens (Figura 2.5) dos filídios também apresentam variações. O formato e o arranjo das células dos filídios, tanto no ápice,

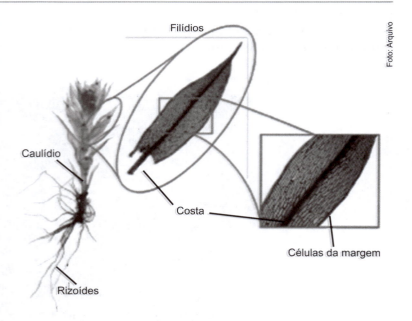

Figura 2.5 – Gametófito de bryophyta mostrando detalhes de rizóide, caulídio e filídio.

meio quanto na base são muito importantes, além da presença e da forma de células alares (Figura 2.6). Todas essas características são importantes para o processo de identificação das espécies.

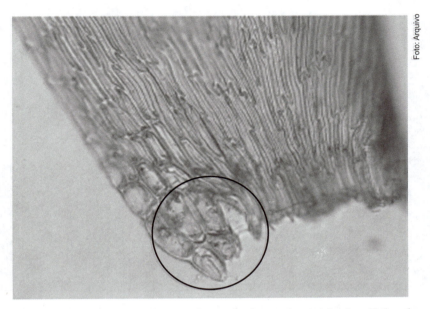

Figura 2.6 – Filídio de bryophyta evidenciado dentro do círculo das células alares.

Também nos chama atenção quando as briófitas apresentam suas estruturas reprodutivas. Diferente de outras plantas, elas não possuem flores ou frutos, mas quando fecundadas, permitem o crescimento de outra planta sobre elas, chamada de esporófito. Assim como um galho enxertado, é nutrido pela planta que recebeu o enxerto, ou seja, esporófito é nutrido pelo gametófito, conforme a Figura 2.7. O esporófito é composto por: pé, seta e cápsula. O pé é protegido pelos filídios periqueciais e muitas vezes esses filídios são importantes na identificação das espécies.

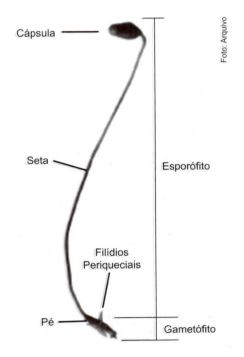

Briófitas

25

Figura 2.7 – Esporófito de *Bryum argenteum*. Detalhe para as partes do esporófito (pé, seta e cápsula). Ao lado diversos gametófitos com esporófitos.

A forma de crescimento também varia muito. Podem-se apresentar como plantas individuais e geralmente sem ramificações (acrocárpicas), na maioria das vezes crescendo muito próximas uma das outras (Figuras 2.2 e 2.7). Outras vezes podem apresentar um crescimento como da grama de nossos jardins, isto é, com um caulídio primário próximo ao substrato e um caulídio secundário normalmente ereto (pleurocárpico). O grupo pleurocárpico é bem diverso, sendo que os que mais chamam atenção são aqueles pendentes ou frondosos (Figura 2.8).

Figura 2.8 – Bryophyta com crescimento pleurocárpico. Imagem superior: *Meteorium deppei*, pleurocárpico pendente. Inferior: Thuidiaceae, pleurocárpico frondoso.

2.4 Como coletar as briófitas

O processo de coleta e o equipamento necessário são muito simples. O principal instrumento utilizado é uma espátula estreita (Figura 2.9), que pode ser substituída facilmente por uma faca pequena ou canivete. A planta sempre deve ser coletada com um pouco de substrato, quer seja a casca da árvore ou solo. Isso garante que pegamos a planta inteira, incluindo seus rizoides.

Figura 2.9 – Material utilizado em coleta de briófitas. Esquerda: espátula. Direita: pacotes (cartuchos) de papel.

Uma vez retiradas, podem ser acondicionadas em pequenos pacotes de papel (Figura 2.9), encontrados facilmente e por preço bem acessível em casas de embalagens ou papelarias. Os pacotes plásticos não são recomendados, pois podem deteriorar as plantas ainda úmidas.

As anotações que devem ser feitas junto com as coletas são fundamentais. Como em todas as outras coletas de plantas, é necessário anotar a data de coleta e o local onde a planta foi encontrada. As informações do local devem ser precisas e detalhadas, servindo como um mapa para que outra pessoa que tenha o mesmo interesse por aquela planta possa encontrá-la com facilidade naquele mesmo local. Recomenda-se anotar o país, Estado e cidade, incluindo outras referências como o bairro, uma rua próxima, praça, parque, chácara etc. Tais informações facilitam as busca via *sites* ou programas de coordenadas geográficas (Ex.: Google Earth), caso você não possua um GPS ou celular com aplicativo para fornecer esses dados.

Não menos importante é anotar o seu nome, como coletor, onde a planta estava crescendo: tronco vivo, tronco morto, no solo, sobre uma construção humana, sobre rocha ou, ainda, sobre uma folha viva.

Ao retornar para casa, mantenha esses sacos de papel em local arejado, preferencialmente à sombra, por alguns dias, o que fará com que as plantas se desidratem e sejam preservadas por muitos anos.

Uma coleção didática, depois de bem desidratada, pode ser colocada em um pequeno saco plástico. A ficha com as anotações deve sempre acompanhar a planta, dentro do mesmo saco plástico (Figura 2.10).

 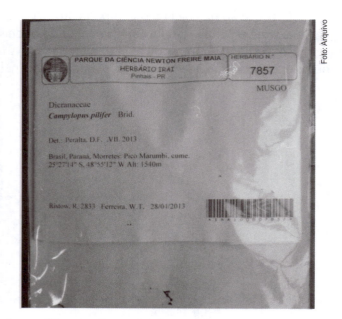

Figura 2.10 – Amostras de *Campylopus pilifer* acondicionadas depois de secas em saco plástico para facilitar a visualização.

Para se dedicar e se aprofundar no estudo das plantas, recomenda-se uma lupa de mão que aumente acima de 10x. As melhores são as pequenas, pois se dobram e ficam protegidas quando guardadas (Figura 2.11).

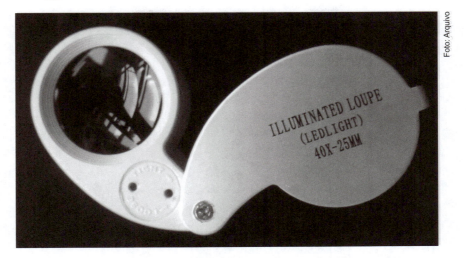

Figura 2.11 – Lupa de mão utilizada para observar briófitas em campo.

Amplie seus conhecimentos

Em coleções científicas, após a coleta e desidratação do material, as briófitas são guardadas em envelopes confeccionados com folha sulfite branca 90 g/m². Na parte da frente do envelope são impressas as anotações realizadas em campo. O envelope pode ser dobrado facilmente seguindo as orientações mostradas na figura abaixo:

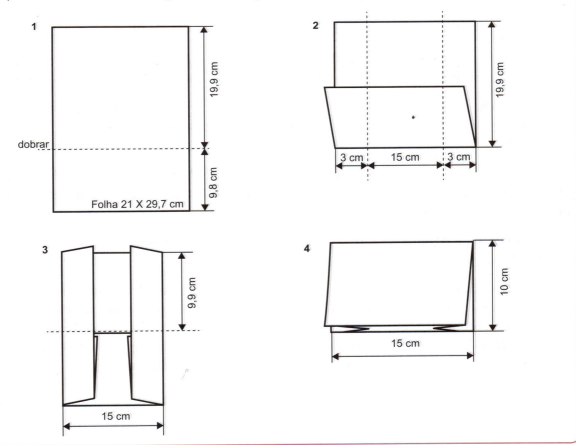

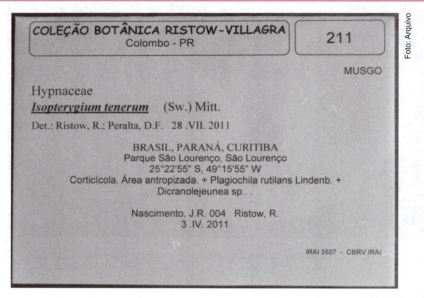

Figura 2.12 – Envelopes em coleções científicas. Acima: procedimento para dobrar os envelopes. Abaixo: envelope após ser dobrado.

2.5 Começando a identificar as briófitas

As briófitas podem ser subdivididas facilmente em três grandes grupos: hepáticas, musgos e antóceros; ou cientificamente como marchantiophyta, bryophyta e anthocerotophyta, respectivamente.

As marchantiophyta ou hepáticas podem ser de dois tipos. Aquelas que apresentam filídios são chamadas hepáticas folhosas e as que apresentam talo, semelhante às algas ou a uma fita verde, são as hepáticas talosas.

Nas hepáticas folhosas, os filídios são dispostos sempre no mesmo plano. As hepáticas talosas podem apresentar somente uma camada de células ou ainda talos robustos com cerca de 1 cm de largura e várias camadas de células.

As bryophyta ou musgos são as mais conhecidas. Geralmente apresentam os filídios dispostos ao redor do caulídio (Figura 2.2).

O grupo dos antóceros é o menos conhecido, embora seja frequentemente encontrado em nossos gramados. São talosos como as hepáticas, porém, apresentam uma coloração mais escura. O crescimento geralmente é em roseta, ou seja, o indivíduo inteiro parece ser circular, pois a planta cresceu a partir do centro simultaneamente para todas as direções. Quando apresentam as estruturas reprodutivas, os esporófitos assemelham-se ao capim brotando (Figura 2.13).

Figura 2.13 – Esporófitos de antócero.

2.6 Briófitas mais comuns

O processo de identificação nas briófitas é um pouco mais difícil do que nas plantas com flores. Para chegarmos ao nome correto da espécie é necessário o uso de um microscópio e chaves de identificação. Levantamentos florísticos geralmente encontram-se disponíveis gratuitamente na internet e fornecem boas referências para as famílias. Mas algumas imagens podem ajudar na separação de alguns grupos. Vamos a elas:

Bryum argenteum

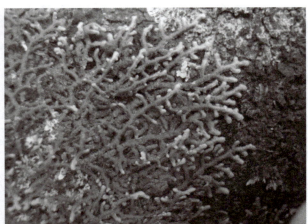

Frullania dusenii

Lejeunea sp.

Leucobrium sp.

Marchantia sp.

Metzgeria sp.

Octoblepharum sp.

Plagiochilla sp.

Pottiaceae   Pottiaceae

Pyrrhobryum spiniforme   *Sphagnum* sp.

Figura 2.14 – Diversidade de briófitas comumente encontradas.

Vamos recapitular?

Aprendemos que musgo é uma palavra de uso popular e que o termo melhor aplicável a esse grupo de plantas é briófita. Vimos que as briófitas são plantas simples, sem vasos condutores, dependentes da água para reprodução e compõem o segundo maior grupo de plantas do mundo. Também aprendemos sobre a forma de crescimento delas, os nomes das principais partes de uma briófita, além de como coletá-las e guardá-las.

Agora é com você!

1) Vá até uma praça com árvores, parque, jardim ou qualquer lugar úmido para desenvolver essa atividade. Não se esqueça do material para coletar: espátula ou faca, pacotes pequenos de papel, lápis ou caneta para as anotações, pote pequeno, água e, se possível, uma lupa. Procure pelo menos três briófitas diferentes que estejam no solo e colete-as. Não se esqueça das anotações (nome completo do coletor, data, local e observações sobre onde ela foi encontrada).

2) Procure uma árvore que esteja na sombra e observe o tronco. Quantas briófitas diferentes você consegue encontrar? Colete-as isoladamente e faça as anotações como no item anterior.

3) Vá até uma árvore que esteja num local mais aberto e que esteja mais exposta ao sol. Você encontrou briófitas? Se sim, são as mesmas da árvore da sombra? Se forem diferentes, colete-as. Se não encontrou, formule uma resposta que justifique a ausência delas.

4) Sobre uma mesa ou uma bancada escolha uma das amostras e tente classificá-la em musgo, hepática ou antócero. Experimente colocar uma gota de água para reidratar a amostra para facilitar. Repita o procedimento nas outras amostras.

Licófitas, Samambaias e Pinheiros

Para começar

O objetivo deste capítulo é esclarecer a identificação dos principais grupos de plantas. O capítulo vai tratar de licófitas, samambaias e pinheiros. Para cada grupo, mostraremos a morfologia para o reconhecimento, os subgrupos e como coletar essas plantas.

Ao se falar em samambaias, pinheiros e plantas com flores, nos referimos aos grupos de plantas encontrados mais frequentemente na vida diária. Esses são os nomes populares de grupos que apresentam muitas espécies, principalmente as samambaias e as plantas com flores.

3.1 O que são licófitas e samambaias?

Seguramente você já entrou em contato com algumas plantas como avenca, samambaia-de-metro, asa-de-andorinha, chifre-de-veado, xaxim, estivessem elas na natureza ou em vasos cultivados.

As plantas conhecidas como samambaias, licopódios ou pteridófitas, estão agrupadas em duas grandes classes: Lycopodiopsida e Polypodiopsida.

No total são conhecidas em torno de 13 mil espécies em todo mundo hoje, das quais mais de 1.200 são encontradas no Brasil.

Em Lycopodiopsida estão agrupadas os licopódios, selaginelas e isoetes.

No Brasil, foram catalogados nove gêneros de licopódios e cerca de 250 espécies. As selaginelas são representadas apenas por um único gênero (*Selaginella*) e cerca de 130 espécies. Os isoetes também são encontrados em apenas um gênero (*Isoetes*) com cerca de 20 espécies em nosso país (Figura 3.1).

Figura 3.1 – Representantes da classe Lycopodiopsida. (A) *Lycopodium* sp. (B) *Selaginella* sp. (C) *Isoetes* sp. Em Lycopodiopsida estão agrupados licopódios, selaginelas e isoetes.

Polypodiopsida é o maior e mais divervo grupo de samambaias. Só no Brasil são mais de 40 famílias de plantas aquáticas apresentando cerca de 1 cm (*Azolla*) até plantas arborescentes com mais de 5 m (xaxins – Cyatheaceae e Dicksoniaceae) (Figura 3.2).

Figura 3.2 – Representantes da classe Polypodiopsida, o maior e mais diverso grupo de samambaias: (A) avenca (*Adiantum* sp.), (B) xaxim (*Cyathea* sp.) e (C) chifre-de-veado (*Platycerium* sp.)

Tanto em Lycopodiopsida quanto em Polypodiopsida, as plantas são mais complexas do que as algas e as briófitas, pois apresentam vasos condutores e o processo reprodutivo não é dependente de água. Porém, também ainda não apresentam flores. Sua reprodução está associada à produção de esporos agrupados em esporângios ou estróbilos, conforme a Figura 3.3. Os esporângios, por sua vez, podem agrupar-se em soros, sinângios ou esporocarpos (Figura 3.4).

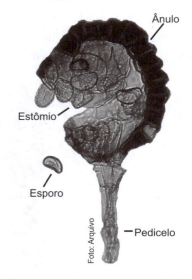

Figura 3.3 – Esporângio ampliado. Os esporângios podem agrupar-se em soros, sinângios ou esporocarpos.

Figura 3.4 – Agrupamentos de esporângios: (A) estróbilo quadrangular de *Selaginella* sp. (esquerda), detalhe do ramo com vários micrófilos (direita); (B) folha fértil de *Microgramma* sp. com soros arredondados (abaixo) e folha estéril (acima); (C) sinângios de *Psilotum* sp.; e (D) esporocarpo de *Salvinia* sp.

> **Fique de olho!**
>
> Você sabia que existem samambaias aquáticas? Algumas vezes olhamos para um lago e percebemos muitas plantas flutuando. *Azolla* e *Salvinia* (Figura 3.5) são dois gêneros de Polypodiopsida aquáticas pertencentes à família Salviniaceae. Existem três espécies de *Azolla* e oito de *Salvinia* no Brasil.

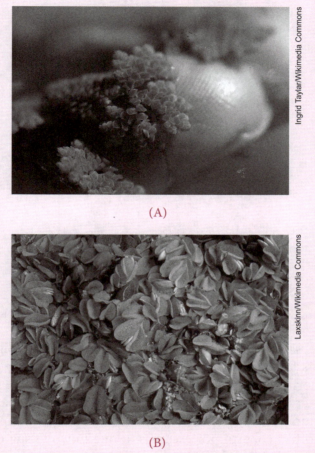

Figura 3.5 – (A) *Azolla* sp. e (B) *Salvinia* sp. são representantes de dois gêneros de samambaias flutuantes.

3.2 Morfologia

É sempre fundamental, para cada grupo de planta ou animal, conhecermos os termos técnicos que descrevem aqueles organismos, pois essas palavras padronizadas permitem a unificação das linguagens. Com as samambaias e os licopódios não é diferente. Precisamos conhecer alguns termos que nos permitirão utilizar chaves dicotômicas, por exemplo.

Começaremos com as folhas. Em selaginelas e licopódios as folhas são pequenas e apresentam apenas uma nervura central. Essas folhas recebem o nome de micrófilo. Na Figura 3.4, no lado direito, percebemos duas fileiras de micrófilos recobrindo o caule (micrófilos dorsais) e duas fileiras de micrófilos laterais. Nas demais samambaias, as folhas apresentam sistemas mais complexos de nervuras e, portanto, são chamadas de megáfilos. Outros termos comuns para se referir às folhas das samambaias são fronde para megáfilos compostos; e báculo para as folhas jovens que ainda estão "enroladas" (Figura 3.6), pela semelhança com um cajado de mesmo nome.

Licófitas, Samambaias e Pinheiros

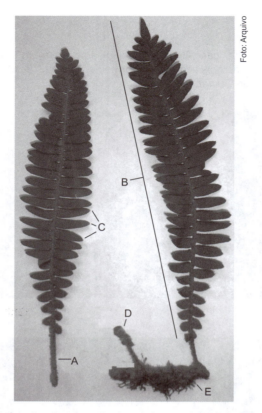

Figura 3.6 – Megáfilos ou frondes de *Pleopeltis* sp.: (A) pecíolo, (B) fronde, (C) pínula e (D) báculo.

O pecíolo e o caule são normalmente revestidos por escamas (Figura 3.7). Outras vezes o revestimento (inclusive das folhas) é feito por tricomas unicelulares ou pluricelulares reconhecidos por serem hialinos na maioria das vezes. A junção do pecíolo com o caule pode apresentar uma articulação que deixará uma cicatriz na folha após seu desprendimento. A base abaixo da articulação é chamada de filopódio (Figura 3.8) e, geralmente, apresenta-se um pouco mais dilatada que o pecíolo. Algumas vezes o filopódio fica coberto por escamas, o que dificulta sua observação e pode levar a erros ao se utilizar uma chave de identificação.

Figura 3.7 – Escamas recobrindo pecíolo. Apresenta soros arredondados.

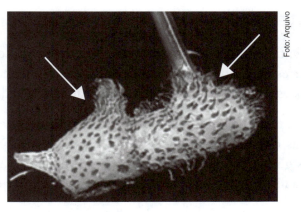

Figura 3.8 – Caule de *Serpocaulon* sp. recoberto por escamas. As setas indicam os filopódios. À direita, o pecíolo marrom ainda encontra-se conectado.

Os esporângios de algumas samambaias apresentam uma cobertura denominada indúsio. Em avencas (*Adiantum*) e alguns outros gêneros é comum a margem da folha se dobrar e ocultar os esporângios, nesse caso denominamos de pseudo-indúsio (Figura 3.9).

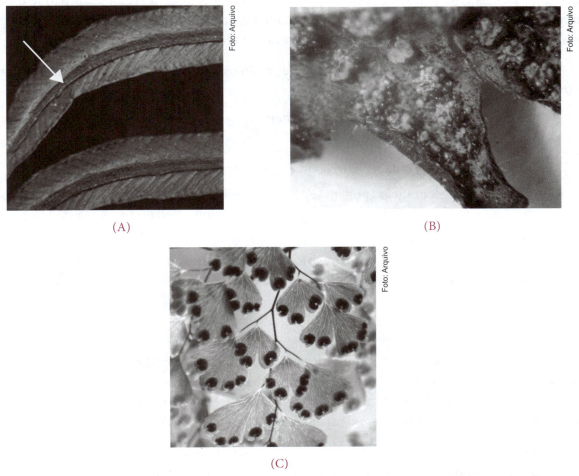

(A) (B)

(C)

Figura 3.9 – Indúsio e pseudo-indusio: (A) indúsio recobrindo parcialmente os esporângios em soro linear acompanhando a nervura central de *Blechnum* sp., (B) indúsio em soros arredondados de *Thelypteris* sp. e (C) pseudo-indusio em *Adiantum* sp.

3.3 Como coletar

Para uma possível identificação, a coleta e a prensagem de forma correta são muito importantes. Nas samambaias, as partes mais utilizadas para identificação são frondes férteis, frondes estéreis, escamas da base do pecíolo, escamas do caule, cicatrizes no caule, restos de pecíolos, entre outras.

Para plantas pequenas, recomenda-se arrancá-la inteira para análise. Nas muito grandes, como nos xaxins em que as folhas chegam a dois metros, são necessários a base do pecíolo – parte que se conecta ao caule –, pois geralmente apresenta tricomas ou escamas; as primeiras pinas; as pinas medianas; e o ápice da folha fértil. As demais partes da fronde podem ser eliminadas.

Algumas samambaias apresentam dois tipos de folhas diferentes na mesma planta. Existem aquelas associadas ao processo reprodutivo e que apresentam esporângios, e outras que possuem folhas desprovidas de esporângios e estão associadas apenas aos processos de fotossíntese. Nos dois casos é importante coletar ambas as folhas.

O processo para prensar, secar e montar é o mesmo das Angiospermas. Coloque a folha da planta entre jornais e/ou placas de papelão para mantê-la esticada. Em seguida, aproxime o conjunto de uma lâmpada incandescente forte ou dentro de uma estufa. Após a secagem, as samambaias podem ser fixadas com alguns pontos de costura em cartolina (vide Capítulo 4).

Tão fundamental quanto uma coleta bem feita são os dados anotados corretamente. Como nos outros grupos, a ficha de campo deve conter:

- » nome das pessoas que coletaram a planta;
- » data da coleta;
- » local (país, estado, cidade, bairro, praça, rua, fazenda, parque etc.);
- » coordenadas geográficas (podem ser localizadas facilmente pelos sites de mapas disponíveis on-line, caso você não possua GPS ou celular com aplicativo que mostre essa informação);
- » anote as informações que ficam sem registro na planta seca, como: onde a planta foi encontrada (solo, sobre um tronco)? O local era exposto ao sol? Sombreado? Se a planta era muito grande, procure estimar a altura e anote essa informação também.

3.4 Começando a identificar

Mesmo com uma planta viva ou desidratada, as chaves de identificação são ferramentas muito úteis para identificar as plantas. Chaves para samambaias e licófitas são facilmente encontradas em teses e dissertações disponíveis na internet, principalmente em levantamentos florísticos. Também já existem alguns guias com fotos que podem auxiliar na busca pelas famílias ou gêneros.

Outra opção é coletar o material e se dirigir ao herbário mais próximo da cidade ou, no caso de uma planta cultivada, buscar fotos na internet a partir do nome comum.

Chave dicotômica para famílias mais comuns de samambaias e grupos afins

1 Plantas com micrófilos (lâmina com uma nervura); esporângios nas axilas dorsais dos micrófilos ou em estróbilos

  2 Estróbilos complanados ou quadrangulares; esporos diferenciados.. Selaginellaceae

  2 Estróbilos cilíndricos ou esporângios nas axilas dorsais dos micrófilos; esporos iguai... Lycopodiaceae

1 Plantas com megáfilos (lâminas multinervadas); esporângios numerosos e agrupados em soros ou sinângios

  3 Esporângios unidos em um sinângio ou internos a um esporocarpo

  4 Esporângios unidos em um sinângio liberando os esporos por meio de aberturas

    5 Lâmina simples; nervuras anastomosadas...Ophioglossaceae

    5 Lâmina 1-4-pinada; nervuras livres ....Marattiaceae

  4 Esporos envoltos por um esporocarpo; esporos diferenciados

    6 Plantas flutuantes..Salviniaceae

    6 Plantas enraizantes...Marsileaceae

  3 Esporângios livres, liberando os esporos através de seu rompimento

    7 Esporângios com ânulo rudimentar, lateral, com células pouco diferenciadas... Osmundaceae

    7 Esporângios com ânulo desenvolvido, apical, oblíquo ou vertical, com células nitidamente diferenciadas

      8 Esporângios piriformes, com ânulo apical ou subapical

        9 Primeiro par de pinas basais modificadas em esporângióforo ....Anemiaceae

        9 Esporangióforos nas margens ou ápice das frondes

          10 Plantas escandentes ....Lygodiaceae

          10 Plantas não escandentes ....Schizaeaceae

      8 Esporângios globosos, com o ânulo oblíquo ou vertical, reunidos em soros sobre a lâmina

        11 Ânulo oblíquo, não interrompido; esporângios sésseis ou subsésseis

          12 Lâmina pseudodicotomicamente dividida; gemas nas axilas das ramificações..............................Gleicheniaceae

          12 Lâmina não pseudodicotomicamente dividida; sem gemas nas axilas das ramificações

            13 Plantas geralmente arborescentes

              14 Soros marginais; plantas exclusivamente com tricomas ....Dicksoniaceae

              14 Soros abaxiais; plantas com escamas e tricomas, escamas presentes principalmente na base do pecíolo...... Cyatheaceae

            13 Plantas nunca arborescentes

              15 Lâminas com 1-2 células de espessura, translúcidas; soros marginais ....Hymenophyllaceae

              15 Lâminas com várias células de espessura; soros abaxiais ....Dicksoniaceae

        11 Ânulo vertical, interrompido pelo pedicelo; esporângios pedicelados

          16 Frondes articuladas ao caule, formando filopódios

            17 Soros arredondados...Polypodiaceae

            17 Esporângios recobrindo do toda a face ventral ....Dryopteridaceae

           16 Frondes contínuas com o caule, não formando filopódios

            18 Pecíolo com dois feixes vasculares na base

Licófitas, Samambaias e Pinheiros

Chave dicotômica para famílias mais comuns de samambaias e grupos afins

19 Soros arredondados, raramente lineares; lâmina com tricomas unicelulares, aciculares, bifurcados ou estrelados, raramente sem tricomas .... Thelypteridaceae

19 Soros lineares; lâmina sem ou com tricomas pluricelulares e lineares

  20 Soros em apenas um lado das nervuras .... Aspleniaceae

  20 Soros pareados dorso com dorso em ambos os lados das nervuras .... Athyriaceae

18 Pecíolo com um, três ou mais feixes vasculares na base

  21 Soros lineares não marginais.

    22 Lâmina simples; soros localizados em sulcos profundos na lâmina; indúsio ausente .... Pteridaceae

    22 Lâmina pinatissecta ou mais vezes dividida; soros localizados na superfície da lâmina; indúsio presente....... Blechnaceae

  21 Soros de outros tipos (arredondados, alongados ou lineares e marginais)

    23 Esporos clorofilados .... Polypodiaceae

    23 Esporos não clorofilados

      24 Soros marginais ou submarginais

        25 Soros lineares

          26 Lâmina cordada, sagitada, hastada, tri-lobada, palmada ou pedada, porém não verdadeiramente pinada .... Pteridaceae

          26 Lâmina no mínimo 1-pinada

            27 Caule revestido apenas por tricomas.. Dennstaedtiaceae

            27 Caule revestido por escamas e eventualmente tricomas

              28 Abertura do indúsio voltada para fora do tecido laminar .... Lindsaeaceae

              28 Abertura do indúsio voltada para o centro do tecido laminar

                29 Caule radial, ereto ou decumbente; lâmina sem tonalidade esbranquiçada na face abaxial .... Pteridaceae

                29 Caule dorsiventral, longo-reptante; lâmina com a face abaxial esbranquiçada .... Dennstaedtiaceae

        25 Soros arredondados, nunca lineares

          30 Caule revestido apenas por tricomas, raramente sem; indúsio 2-valvados ou escamiforme ..... Dennstaedtiaceae

          30 Caule revestido por escamas e eventualmente tricomas; pseudo-indúsio com ou sem nervura ....Pteridaceae

      24 Soros abaxiais

        31 Soros nunca arredondados ou lineares; esporângios dispersos sobre as nervuras ou sobre as nervuras e tecido laminar

          32 Esporângios isolados sobre as nervuras; lâmina revestida por uma substância farinosa branca, amarelada ou ausente na face abaxial .... Pteridaceae

          32 Esporângios sobre as nervuras e tecido laminar.. Dryopteridaceae

        31 Soros arredondados ou, se levemente alongados, oblíquos à costa

          33 Nervuras anastomosadas formando aréolas irregulares.......................................Tectariaceae

          33 Nervuras livres

            34 Lâmina 1-pinada, caule estolonífero, escamas peltadas .... Davalliaceae

            34 Lâmina 1-pinada ou mais dividida; caule reptante, ereto ou decumbente, mas não estolonífero, escamas basifixas .... Dryopteridaceae

3.5 O que são os pinheiros?

Gimnosperma é uma palavra que vem do grego *gimno* (nua) e *sperma* (semente). Este é o nome do grupo que tem pinheiros, abetos e cicas como principais representantes. A característica que mais os diferencia é possuir estróbilos, conhecidos por pinhas, em vez de flores (Figura 3.10).

Figura 3.10 – Silhueta de pinheiros, representantes das gimnospermas.

3.6 Morfologia vegetal

Identificar as diferenças morfológicas das partes do vegetal é o primeiro passo para o reconhecimento das características das plantas e, consequentemente, o reconhecimento do grande grupo botânico, a família, o gênero e a espécie.

As gimnospermas podem apresentar-se como árvores ou arbustos e somente um gênero apresenta-se de hábito trepador. As folhas podem ser simples escamiformes, lineares, flabeliformes ou composta pinada (Figura 3.11).

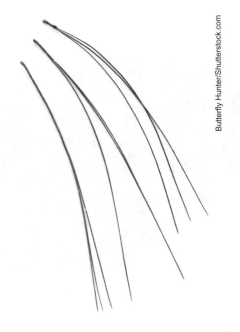

Figura 3.11 – Formas de folhas de gimnospermas, respectivamente folhas escamiformes, lineares, flabeliformes e composta pinada.

A reprodução acontece em estruturas chamadas estróbilos, que podem ser masculinos e femininos. A fecundação do óvulo acontece quando o grão de pólen do estróbilo masculino chega ao estróbilo feminino por meio do vento ou insetos. O grão de pólen contém o gameta masculino, que são as células espermáticas, e no estróbilo feminino encontra-se a oosfera, o gameta feminino. Nas gimnospermas podem ser encontrados estróbilos masculinos e femininos em uma mesma planta como, por exemplo, no *Pinus* (Figura 3.12), ou nas plantas separadas, ou no pinheiro-do--paraná (*Araucaria angustifolia*), havendo árvores somente com estróbilos masculinas e árvores com estróbilos femininas.

Figura 3.12 – Estróbilo feminino acima à esquerda e à direita uma semente alada, ou seja, o óvulo já foi fecundado e o estróbilo masculino com grãos de pólen.

A diferença entre os estróbilos geralmente é no formato mais arredondado do feminino, enquanto o masculino apresenta-se comprido e estreito. No quadro abaixo é possível identificar alguns grupos a partir desses estróbilos.

Amplie seus conhecimentos

Biodiversidade x invasão biológica

As Gimnospermas pertencem ao grupo mais rico em espécies nas florestas temperadas ou subtropicais. São dominantes nas florestas próximas do Círculo Ártico.

A diversidade desse grupo é pequena no Brasil, há registros de 22 espécies e cinco famílias Araucariaceae, Araucaria angustifolia, Podocarpaceae, Zamiaceae, Ephedraceae e Gnetaceae.

A espécie conhecida por pinheiro, ou de nome científico *Pinus elliottii*, foi trazida ao Brasil com finalidade de silvicultura devido ao rápido crescimento e à facilidade nos tratos culturais (Figura 3.13). Hoje é considerada subespontânea e sua proliferação natural nas áreas nativas tem sido motivo de grande preocupação, já que ocupa o espaço das espécies nativas e impede a recuperação de áreas degradadas.

Figura 3.13 – Floresta de *Pinus*. Ocupa o espaço das espécies nativas e impede a recuperação de áreas degradadas.

Para saber mais sobre como plantar o pinheiro-do-paraná acesse o *link*:

http://www.sema.rs.gov.br/conteudo.asp?cod_menu=310

Licófitas, Samambaias e Pinheiros

3.7 Grupos principais

Os principais grupos de gimnospermas podem ser divididos em quatro: cycadófitas, ginkgos, coníferas e gnetófitas.

1) Cycadófitas compreendem duas famílias e 305 espécies. São plantas semelhantes às palmeiras, chegando serem confundidas. Mas lembre-se de que o grupo dos pinheiros não possui frutos protegendo as sementes como no caso das palmeiras. A representante mais frequentemente cultivada no Brasil é a *Cycas revoluta*, utilizada no paisagismo de jardins (Figura 3.14).

Figura 3.14 – (A) Indivíduo de *Cycas revoluta*. (B) Estróbilo masculino no meio das folhas. (C) Óvulos na base da folha carpelar.

2) Ginkgos possuem apenas uma família com uma espécie. A *Ginkgo biloba* surgiu há mais de 200 milhões de anos (período Terciário tardio). Apresenta folhas decíduas em forma de leque com nervuras dicotômicas, ou seja, sua folha divide-se em duas. Possivelmente extinta na natureza, pode ter ocorrência natural na China. No Brasil é cultivada como planta ornamental e medicinal (Figura 3.15).

(A) (B)

Figura 3.15 – (A) Árvores de *Ginkgo biloba*. (B) Folha e óvulos de *Ginkgo biloba*.

3) Coníferas também são conhecidas como Pinales, uma referência ao nome da ordem, que possui sete famílias e 545 espécies. Os estróbilos podem ser lenhosos ou coriáceos. Desse grupo destacam-se as famílias Podocarpaceae e Araucariaceae, que apresentam representantes nativos brasileiros. A diferença entre essas duas famílias pode ser observada também no estróbilo, já que o *Podocarpus* não é lenhoso, tem uma escama modificada é suculenta com aspecto de drupa (Figura 3.16).

(A) (B)

Figura 3.16 – (A) Árvore de *Podocarpus lambertii*, família Podocarpaceae.
(B) Ramo com megasporófilos femininos, sem formação de cone lenhoso.

Licófitas, Samambaias e Pinheiros

O cone ou estróbilo da família Araucariaceae, conhecida popularmente como araucária-do-paraná, é fisionomicamente diferente das demais, inclusive sua morfologia apresenta estróbilos masculinos e femininos (Figura 3.17). O feminino formará sementes, que são os pinhões, muito consumidos pela fauna das regiões onde há a espécie do pinheiro-do-paraná e utilizada por nós na alimentação.

Figura 3.17 – (A) Mata de *Araucaria angustifolia*, pinheiro-do-paraná. (B) Árvore com estróbilos femininos que são fecundados e formam os pinhões. (C) Ramos de espécie de *Araucaria* sp. com estróbilos masculinos.

As principais famílias introduzidas, ou seja, as plantas exóticas existentes no Brasil são representadas pelo *Pinus* (Pinaceae), *Cupressus* (Cupressaceae), *Taxus* (Taxaceae).

Provavelmente você já utilizou pinhas de algum desses gêneros para brincar ou ornamentar a decoração do natal. É possível comparar os estróbilos – a parte que contém os gametas para reprodução – para identificar as espécies (Figura 3.18).

Figura 3.18 – Estróbilos de *Pinus*, *Cupressus* e *Taxus*. São plantas exóticas existentes no Brasil.

Pinus e *Cupressus* são gêneros mais comumente encontrados em praças e parques urbanos. É possível distinguir as espécies por meio do tamanho dos estróbilos, além do formato da folha e da árvore. O *Pinus* tem estróbilos de aproximadamente 12 cm de comprimento enquanto o estróbilo de *Cupressus* apresenta 2 cm de diâmetro, porém ambos têm sementes pequenas e secas, e são conhecidos como cipreste-português. Uma exceção é a espécie *Pinus pinea*, que possui sementes comestíveis utilizadas na Itália, onde é nativa.

No gênero *Taxus* há uma estrutura vermelha chamada arilo que envolve a semente, e sua coloração chamativa atrai aves com objetivo de dispersar a semente.

4) Gnetófitas, ou Gnetales, possui uma família chamada Gnetaceae, com seis espécies brasileiras encontradas na região Amazônica. Essas plantas têm o hábito trepador e é pouco conhecida. A espécie *Gnetum gnemon* é a mais difundida, habita principalmente a região do sudeste asiático e Austrália (Figura 3.19).

Figura 3.19 – Ramos com estróbilo de *Gnetum gnemon*. É uma gimnosperma trepadeira.

> **Fique de olho!**
>
> Conheça mais sobre as árvores gimnospermas
>
> As gimnospermas possivelmente possuem as árvores mais altas e antigas, a exemplo da espécie *Sequoiadendron giganteum*, da família Cupressaceae. Há vários indivíduos que são protegidos em parques nacionais na região da Califórnia (Estados Unidos) e chegam a medir 82 metros de altura e tem idade estimada de 2.500 anos (Figura 3.20).

Figura 3.20 – Indivíduos de *Sequoiadendron giganteum* preservados em parques americanos.

3.8 Como coletar gimnospermas

Para coletar gimnospermas, você deve observar:

» Se a planta possui estróbilos. Analise se possui masculinos e femininos nos mesmos ramos ou apenas no ápice e partes intermediárias da árvore ou ainda se há na árvore somente de um sexo;

» Como são suas folhas e ramos. Tenha cuidado, pois algumas folhas têm formato de agulha e podem perfurar a mão;

» Se o tronco possui resina e de qual cor.

Dentre os materiais usuais para coleta estão: tesoura de poda, luva quando necessário, e, no caso de árvores, uma tesoura de alta poda que os profissionais usam. Caso o instrumento não estiver disponível, utilize uma vara de bambu para "bater" no ramo e realizar a coleta ou use um estilingue para arremessar um peso preso ao fio por cima do galho a ser coletado e, em seguida, puxá-lo. Informações de como preservar esse material serão mencionadas no Capítulo 4.

> **Fique de olho!**
>
> Pinhões
>
>
>
> Figura 3.21 – Pinhões de *Araucaria angustifolia* são muito utilizados na alimentação.
>
> Pinhão é o termo genérico para as sementes de várias espécies de pinheiros, incluindo o *Pinus pinea*, provindo da Itália, e principalmente a *Araucaria angustifolia*. Esta é nativa da região Sul e Sudeste do Brasil e está ameaçada de extinção em razão da extração da madeira durante décadas.
>
> A araucária tem grande importância ambiental e cultural principalmente no Estado do Paraná, onde representa o símbolo da região. Em Santa Catarina, as sementes são talvez a comida mais típica, sendo assadas ou cozidas para consumo. Vários municípios no Paraná são nomeados a partir da espécie: Araucária, Pinhais, Pinhal de São Bento, Pinhalão, Pinhão, São José dos Pinhais, Ribeirão do Pinhal e, em Santa Catarina, Pinhalzinho.
>
> Nos meses de maio e junho os pinheiros-do-paraná formam suas sementes e, com a queda do estróbilo ou sua quebra na árvore, caem os pinhões no chão. Embora a coleta dos pinhões seja muito apreciada em algumas regiões, é desaconselhável. Isso porque o número de árvores é muito reduzido, então são incentivados alguns projetos de reflorestamento com a espécie *Araucaria angustifolia* (Figura 3.21).

Vamos recapitular?

Aprendemos até aqui que samambaias são agrupadas em duas classes Lycopodiopsida e Polypodiopsida e que juntas correspondem a cerca de 13.000 espécies no mundo. São plantas que já apresentam vasos condutores e a reprodução não depende da água como as briófitas. Esporos são agrupados em esporângios e estes em estróbilos, soros, sinângios ou esporocarpos. Esporângios podem estar protegidos por indúsios ou pseudoindúsios. As frondes podem ser do tipo micrófilo ou megáfilo, sendo definidas em relação à complexidade das nervuras. Podem existir revestimentos como escamas ou tricomas nos pecíolos e caules. A base abaixo da articulação de pecíolos com o caule denomina-se filopódio. Também foram vistos os princípios de coleta e identificação. Observamos que as gimnospermas possuem quatro grupos, dois de espécies não nativas – Cycadófitas, Ginkgoales –, e outros dois com representantes brasileiros: Coníferas e Gnetófitas.

O maior dos grupos, das Coníferas, inclui o pinheiro-do-paraná, de importância ambiental e econômica, além de ameaçado de extinção. Nesse grupo ainda estão os pinheiros conhecidos como *Pinus* ou das espécies de *Cupressus*, denominados cipreste-italiano ou português. Para identificar as espécies de gimnospermas, as características fundamentais são o formato da folha, o formato e tamanho do estróbilo e o hábito, bem como o tamanho do indivíduo, podendo ser árvores, ervas e trepadeiras.

Agora é com você!

1) Monte uma coleção didática com diferentes tipos de frondes de samambaias e uma coleção de pínulas evidenciando a variedade de soros.

2) De posse da chave dicotômica apresentada neste capítulo, vá até uma área de mata próxima à sua casa (parque, praça, jardim) e procure identificar as famílias de samambaias que você encontrar.

3) Faça o levantamento das árvores gimnospermas que existem em parques no seu município, com nome popular e, se possível identifique, a família e a espécie.

4) Colete um estróbilo de qualquer gimnosperma, abra-o até encontrar a semente, esquematize a estrutura protetora do estróbilo, a semente e a ala. Faça a contagem de sementes em um estróbilo.

4

Plantas com Flores e Frutos

Para começar

Neste capítulo vamos demonstrar como é o processo de reconhecimento das plantas com flores. Veremos ainda que as plantas com flores são o maior e mais importante grupo ambiental e econômico do planeta. Aprenderemos também quais são as principais famílias e que características essas plantas com flores apresentam.

4.1 O que são as plantas com flores e frutos?

As plantas com flores e frutos, na Botânica, são chamadas de Angiospermas que, da tradução do grego, quer dizer: *angeos* – "bolsa" e *sperma* – "semente". Ou seja, as sementes estão envoltas em a bolsa ou uma urna. Essa é a principal característica que difere este grupo dos demais.

Você conseguirá identificar que os frutos que comemos, em sua maioria, são envolvidos por uma bolsa que se desenvolveu para proteger a semente. Por exemplo, pêssego, uva, tomate, manga e melão (Figura 4.1).

Figura 4.1 – Flores e fruto de laranjeira (*Citrus* sp) são chamados de Angiospermas na Botânica.

4.2 Morfologia vegetal

As plantas com flores e frutos podem ser ervas, arbustos, árvores, trepadeiras, epífitas e hemie-pífitas. As flores são um indicativo deste grupo, mas há espécies de flores muito pequeninas, que não são vistosas como a azaleia, o hibisco ou os ipês.

As folhas deste grupo podem ser de diversos tipos: quando são simples, podem ser alternas, opostas e verticiladas; e podem ainda ser compostas por folíolos (Figura 4.2).

O reconhecimento dessas folhas é fundamental para identificar a família da planta suspeita.

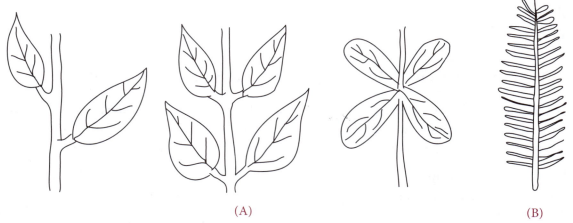

Figura 4.2 – (A) Disposição das folhas simples que contribui no processo de identificação: folhas alternas, opostas e verticiladas. (B) Folha composta pinada.

A flor é o órgão reprodutivo das angiospermas. As sépalas e as pétalas, quando presentes, podem ser vistosas e contribuem para a atração de animais vertebrados e invertebrados, bem como contribuem na polinização e fecundação. A floração de uma árvore dependerá da maturidade da planta, que, quando adulta, pode florescer todos os anos como o ipê-branco (Figura 4.3).

Figura 4.3 – Ipê-branco (*Tabebuia roseoalba*) em floração. A floração de uma árvore dependerá da maturidade da planta.

Internamente, uma flor possui estruturas de um sexo ou dos dois e, quando o feminino e masculino estão presentes, pode ocorrer autofecundação. A estrutura feminina chamada de gineceu e é composta por três partes: ovário, que contém o óvulo; estilete, estrutura alongada que veicula o núcleo espermático até o óvulo; e o estigma, responsável por receber o grão de pólen (Figura 4.4).

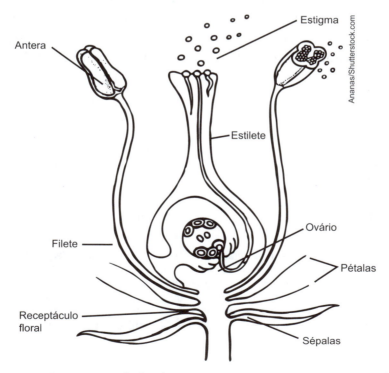

Figura 4.4 – Parte interna da flor de angiosperma. Mostra a estrutura masculina: a antera com grãos de pólen; e a feminina: o estigma, o estilete e o ovário.

Plantas com Flores e Frutos

A inflorescência é nome dado ao eixo caulinar que produz flores ao longo do seu comprimento. A morfologia das inflorescências é bastante variável (Figura 4.5).

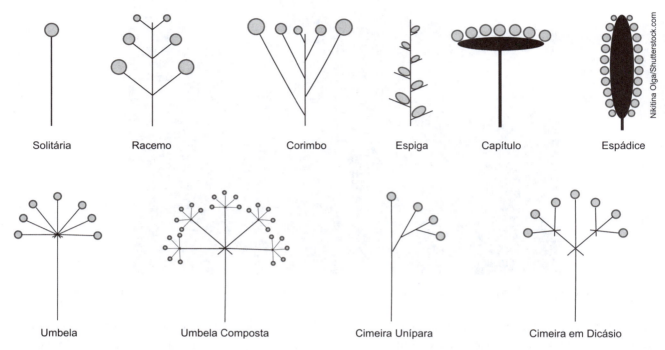

Figura 4.5 – Tipos de inflorescências presentes nas angiospermas.

O fruto é a estrutura formada pelo desenvolvimento do ovário após a polinização. Ocasionalmente outras estruturas podem somar-se ao ovário ou substituí-lo na dispersão das sementes, notadamente o hipanto e o pedúnculo. A infrutescência é um conjunto de frutos que estão muito próximos entre si, como por exemplo, o abacaxi. O que chamamos de casca são as infrutescências.

Fique de olho!

Botânica x culinária

Fruta não é uma termologia Botânica como muitos pensam. Fruta é o nome vernacular dado aos frutos e pseudofrutos comestíveis de sabor adocicado. Em contraponto, muitos entendem que os frutos não têm aspecto adocicado, o que não é verdade. Toda fruta é um fruto ou um pseudofruto.

Em razão do leve gosto adocicado do tomate, não é incomum que muitas pessoas o enquadrem como fruta, o que não está necessariamente errado. Vulgarmente esse fruto é chamado de legume, mas, como veremos mais à frente, botanicamente, não o é.

Em termos botânicos, legume é um tipo de fruto característico da família Fabaceae (leguminosas) e, inclusive, compreende frutos adocicados como o ingá. No Brasil, esse termo também é vulgarmente usado para nomear frutos não adocicados, como grande parte dos legumes (no sentido botânico), além de raízes e caules subterrâneos comestíveis. Estes, geralmente, são consumidos após o cozimento. Nesse sentido amplo, especialmente da culinária, parece coerente entender legume como quaisquer hortaliças que não incluem as verduras. Porém, em alguns lugares do nordeste, o termo é usado como sinônimo de cereal, que são sementes comestíveis (grãos) provenientes de gramíneas, como milho.

Os frutos podem ser carnosos, com forma e apresentação de pericarpo suculento. Estes frutos são bem conhecidos e muito utilizados na alimentação, tais como o pêssego, uva e laranja. (Figura 4.6).

Figura 4.6 – (A) Drupa: pêssego. (B) Baga: tomate. (C) Hesperídio: limão. (D) Pomo: pera. (E) Folículo: magnólia. (F) Nuculânio: pequi. Tipos de frutos carnosos presentes em angiospermas.

Os frutos podem apresentar-se como secos, sem a formação da suculência. Dentre os frutos secos estão aquênio (Ex.: girassol), noz (Ex.: avelã), sâmara (Ex.: tipuana), cápsula (Ex.: papoula), cariopse (Ex.: trigo) e legume (Ex.: soja) (Figura 4.7).

Os pseudofrutos originam-se do ovário e de outra parte da flor, assim não são considerados frutos "verdadeiros". São classificados em simples, múltiplos e compostos/infrutescências.

» **Pseudofruto simples**: deriva de uma flor com um ovário no qual outra parte da flor se desenvolve. Na maçã e na pêra desenvolve-se o receptáculo floral. No caju desenvolvem-se o pedúnculo e o receptáculo floral.

» **Pseudofruto múltiplo**: deriva de uma flor com muitos ovários. Cada ovário desenvolve-se em um fruto, como no morango.

» **Pseudofruto composto ou infrutescência**: deriva do desenvolvimento de uma inflorescência, como o abacaxi, figo, jaca etc.

Figura 4.7 – Aquênio (girassol), noz (avelã), sâmara (tipuana), Cápsula (papoula), cariopse (trigo), legume (soja) – tipos de frutos secos presentes em angiospermas.

Veja a Figura 4.8.

(A) (B) (C)

Figura 4.8 – Pseudofrutos: (A) caju, (B) morango e (C) jaca. Os pseudofrutos podem ser simples, múltiplos ou compostos.

4.3 Grupos principais

A diversidade das plantas com flores e frutos pode ser desafiadora quando queremos reconhecer uma planta com família e nome científico. Há mais de 30 mil espécies deste grupo, ainda assim é possível, desde que se tenha alguma dedicação na observação das características principais.

Temos vários métodos para identificar uma angiosperma:

- » por semelhança com plantas reconhecidas popularmente;
- » por meio de chave de determinação;
- » por características conhecidas como tipo de fruto;
- » por características conhecidas como formato de flor;
- » pela presença de látex;
- » pelo hábito trepador;
- » pelo hábito parasitário.

4.3.1 Por semelhança com plantas reconhecidas popularmente

Que características você observa ao ver foto de uma planta de trigo? São ervas de aproximadamente 50 cm, cuja coloração castanha da planta não chama muito atenção, sem pétalas coloridas e com brácteas e bractéolas (folhas modificadas). Suas estruturas são consideradas frutos. São pequenos frutos secos organizados em espiga, cada um com uma semente.

A família do trigo chama-se Poaceae e é de grande importância econômica, já que é usada na base da alimentação de muitos países (Figura 4.9).

Figura 4.9 – (A) Plantação de trigo (*Triticum* sp.). (B) Capins com inflorescências. (C) Capim dos pampas. (D) Capim não identificado. A família do trigo chama-se Poaceae.

Plantas com Flores e Frutos

> **Fique de olho!**
>
> Que características em comum têm os capins e a planta de trigo?
>
> São plantas herbáceas, ou seja, possuem caule verde, não composto por lenho e inflorescências organizadas em espiga.
>
>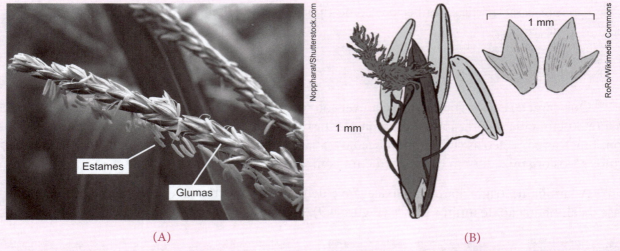
>
> (A)   (B)
>
> Figura 4.10 – (A) Flor de milho masculina, cada flor possui três estames, os quais produzem os grãos de pólen. (B) Esquema da flor de uma *Poaceae*, em vermelho o ovário com o estigma plumoso, em amarelo os três estames, em verde escuro a gluma, e em verde claro duas lodículas (folhas rudimentares).
>
> Os capins e o trigo possuem flores não vistosas, sem pétalas e sépalas, que possuem brácteas chamadas de glumas e bractéolas (lema e pálea). Seu estigma é geralmente plumoso (em forma de pluma). Ao observar uma espiga, percebe-se que são muitos "fios" que a inflorescência possui.
>
> Essas plantas possuem frutos secos, chamados cariopse, cujo tegumento está firmemente aderido ao pericarpo (ovário amadurecido).
>
> Ao observar as semelhanças entre o trigo e outros capins você já começa a reconhecer características da família Poaceae.

Outro exemplo de planta é o abacaxi, formada por uma roseta com folhas dispostas em espiral, formando um "tanque" de água (Figura 4.11).

(A)

(B)   (C)

Figura 4.11 – (A) Planta de abacaxi. (B/C) Outras duas espécies de bromélias. Formadas por uma roseta com folhas dispostas em espiral.

Ao verificar a disposição das folhas em roseta, folhas endurecidas e, frequentemente, com espinhos na margem, percebe-se que, no centro da roseta, se forma um "tanque" que armazena água. Pode-se sugerir grande semelhança à planta do abacaxi e, assim, atribuir às duas espécies acima à família Bromeliaceae.

4.3.2 Por meio de chave de determinação

Por meio de trechos da chave de determinação abaixo, podemos reconhecer quais características são prioritárias para separar uma família de outras. Ao utilizar uma chave é interessante ter um glossário de Botânica para auxiliá-lo no significado dos termos (Figura 4.12).

Figura 4.12 – Ramo de calêndula. Pode ser utilizado na chave de determinação.

Quadro 4.1 – Chave de determinação para famílias de angiospermas

1.Folhas simples	2
1'.Folhas compostas	3
2.Presença de látex	4
2'.Ausência de látex	5

5. Flores isoladas	6
5'.Flores compondo inflorescências	7

7.Inflorescências em capítulos	Asteraceae
7'.Inflorescências em espigas	Poaceae

A família Asteraceae possui inflorescências dispostas em capítulos, o que significa que a inflorescência é densamente condensada de flores sem pedicelo (Figura 4.13).

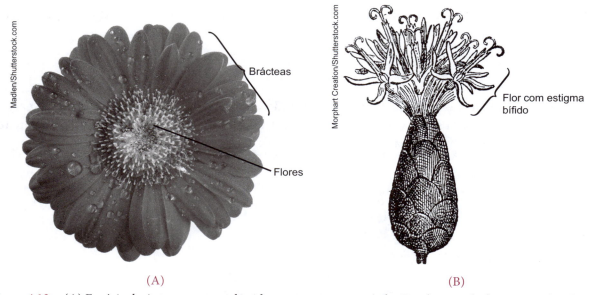

(A) (B)

Figura 4.13 – (A) Espécie de Asteraceae reconhecida por apresentar capítulo. São dezenas de flores centralizadas e as brácteas em vermelho no entorno. (B) Esquema de inflorescência mostrando aproximadamente seis flores. Observa-se o estigma bífido.

4.3.3 Por características conhecidas como tipo de fruto

A família Fabaceae apresenta frutos do tipo legume e tal característica é essencial para separar ou eliminar as demais famílias no momento de identificar uma planta (Figura 4.14). Outras características que auxiliam na separação dessa família são as folhas compostas por folíolos e sua disposição alterna. Há também a presença de estípulas e nectários extraflorais. São consideradas flores bissexuais, ou seja, apresentam androceu (desempenha o papel masculino na reprodução sexuada) e gineceu (desempenha o papel feminino na reprodução sexuada) (Figura 4.15).

Figura 4.14 – (A) Amendoim (*Arachis hypogaea*). (B) Feijão (*Phaseolus vulgaris*). (C) Ervilha (*Pisum sativum*). Frutos do tipo legumes.

Figura 4.15 – Ramo com folhas e flores do flamboyant. Observe as folhas compostas e a flor organizada com cinco pétalas.

> **Amplie seus conhecimentos**
>
> Diversidade de plantas no mundo
>
> Você sabia que, no mundo, atualmente são conhecidas quase 350.000 espécies de plantas, das quais cerca de 250.000 são angiospermas? No Brasil, são reconhecidas 43.977 espécies na flora brasileira, sendo 32.188 de angiospermas, 30 de gimnospermas, 1.224 de samambaias e licófitas, 4.677 de fungos, 4.331 de algas e 1.527 de briófitas.
>
> As angiospermas são representadas por 229 famílias, 2.887 gêneros e as citadas 32.188 espécies. As principais famílias são Fabaceae com 2.694 espécies, Orchidaceae com 2.419 e Asteraceae com 1.966.
>
> Para saber mais, acesse o site: http://floradobrasil.jbrj.gov.br

4.3.4 Por características conhecidas como formato de flor

A família das orquídeas – Orchidaceae, em latim – é muito conhecida e suas flores são muito apreciadas por colecionadores. As principais características dessa família incluem:

» hábito epifítico, rupícola (que crescem sobre rochas) ou ervas terrestres, ocasionalmente trepadeiras ou saprófitas (nutrem-se a partir de matéria orgânica em decomposição);

» caule espessado, formando um pseudobulbo;

» raízes, com epiderme pluriestratificada, chamado de velame, que a protege da desidratação;

» folhas alternas, espiraladas com nervuras frequentemente paralelas;

» inflorescências em racemos, flores vistosas, organização em três sépalas e três pétalas (sendo uma delas distinta das demais), labelo, um estame unido ao estilete formando uma coluna (Figura 4.16).

Figura 4.16 – (A) Hábito epifítico. (B) Flor de orquídea. Demonstram as sépalas e pétalas, o labelo e a coluna.

> **Fique de olho!**
>
> A família das orquídeas possui mais de 2.600 espécies. A identificação de espécies nativas requer estudos com o grupo. Se você gosta de orquídeas, pode participar de alguma sociedade de orquidófilos no país. Algumas sociedades promovem feiras e eventos onde expõem coleções de plantas, especialmente as híbridas, que são aquelas que passaram por um cruzamento entre espécies distintas e não podem ter descendência devido aos seus genes incompatíveis.

Figura 4.17 – Principais gêneros de orquídeas cultivados no Brasil: (A) *Cattleya*, (B) *Laelia*, (C) *Oncidium*, (D) *Epidendrum*, (E) *Sophronitis* e (F) *Dendrobium*.

4.3.5 Pela presença de látex

O látex é uma substância usualmente de cor leitosa liberada com o rompimento dos tecidos vegetais em algumas espécies. Comumente contém politerpenos capazes de coagular em contato com o ar. Em geral, é branco, mas pode ser visto nas cores amarela ou translúcida, característica facilmente reconhecida. Popularmente diz-se que a árvore tem leite.

As famílias que produzem látex são Apocynaceae, Clusiaceae, Euphorbiaceae, Moraceae, Sapindaceae e Sapotaceae. Veremos quais são as principais características de cada família e as plantas mais comuns que encontramos.

A família Apocynaceae pode incluir árvores, arbustos, trepadeiras e apresentam folhas geralmente simples, opostas e inteiras. Formam inflorescências de flores pentâmeras, ou seja, organização em cinco. Os frutos são usualmente bifoliculares secos com sementes comosas (aspecto de cabeleira) e, às vezes, aladas. Os gêneros mais comuns são *Alamanda, Nerium, Tabernaemontana* (Figuras 4.18 e 4.19).

Dentre as espécies conhecidas, estão oleandro ou espirradeira, planta ornamental extremamente tóxica (Figura 4.20).

Plantas com Flores e Frutos

Figura 4.18 – Fruto do tipo bifolicular. É frequente em Apocynaceae.

Figura 4.19 – Inflorescências em ramo de oleandro (*Nerium oleander*). Uma árvore ornamental e tóxica. Observe as folhas opostas.

Figura 4.20 – *Allamanda*. É um arbusto escandente ornamental utilizado em pergolados.

Em Clusiaceae, há predominância de árvores e arbustos com folhas opostas e coriáceas. O fruto é uma cápsula carnosa septífraga que se abre e apresenta estigmas persistentes. O látex das plantas encontrados na restinga apresenta-se amarelado (Figura 4.21).

Figura 4.21 – Ramo de *Clusia*. Observe as folhas opostas e os frutos com cicatriz dos estigmas.

A família Euphorbiaceae possui folhas alternas simples ou compostas. As flores geralmente não são vistosas, apresentando cor verde ou amarela. As espécies mais conhecidas são a seringueira (*Hevea brasiliensis*) e a mamona (*Ricinus communis*) (Figura 4.22).

Figura 4.22 – Seringueira (*Hevea brasiliensis*). Serigueira em processo de extração de látex.

Amplie seus conhecimentos

Conhecida também como a árvore da borracha, a seringueira, espécie *Hevea brasiliensis*, foi muito exportada entre os anos de 1830 e 1870. Sua madeira é branca e leve e de seu látex se fabrica a borracha. É largamente utilizada pela indústria para a confecção de preservativos, luvas e drenos cirúrgicos.

A seringueira é uma árvore originária da bacia hidrográfica do rio Amazonas, onde era encontrada em abundância e com exclusividade. Tais características estimularam o extrativismo e o chamado ciclo da borracha, período da História brasileira de muita riqueza e pujança para a região amazônica.

O ciclo brasileiro da borracha entrou em declínio quando grandes hortos foram plantados por ingleses, para fins de exploração, no continente africano tropical, na Malásia e no Sri Lanka.

Moraceae é a família da fruta-pão, jaqueira, figueiras e amoreiras. Esse grupo tem hábito arbóreo, arbustivo e trepador. Algumas espécies apresentam raízes tabulares. As folhas são alternas, raramente opostas, simples, peninérvias, geralmente pecioladas, com estípulas envolvendo a gema de crescimento. As flores são unissexuais e nuas, ou seja, sem pétalas e sépalas. As inflorescências são variáveis podendo ser capituliforme na jaqueira e sicônio nas figueiras. Os frutos são pequenas drupas ou aquênios frequentemente reunidos em uma infrutescência chamada sicônio (Figura 4.23).

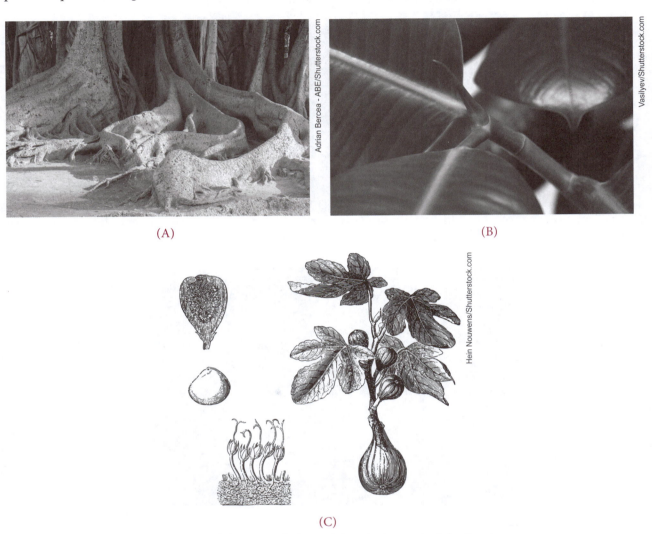

Figura 4.23 – (A) Raízes tabulares. (B) Estípula terminal das figueiras. (C) Prancha de *Ficus carica*, na parte inferior há cinco flores sem pétalas e sépalas.

A família Sapindaceae apresenta-se como árvores, arbustos, ervas e, frequentemente, trepadoras. As folhas alternas são compostas por folíolos, há presença de gavinhas na base das inflorescências das trepadeiras. A inflorescência é composta por flores discretas, em geral brancas. Os frutos são encontrados em formato de cápsula, baga ou drupa. Dentre os representantes mais conhecidos está o guaraná (*Paullinia cupana*) (Figura 4.24).

Sapotaceae, em geral, apresenta plantas arbóreas, folhas inteiras e alternas. As flores pequenas são pequenas e não vistosas. Possui frutos carnosos, às vezes com a casca coriácea. Alguns exemplos comuns são *Chrysophyllum* e *Pouteria*.

Figura 4.24 – Ilustração da espécie *Paullinia cupana*. Apresenta as partes constituintes da flor e do fruto.

Elas são cultivadas nos países intertropicais, por causa da madeira, em geral muito dura, pelos frutos suculentos, que são muito estimados, pelas sementes oleosas, e pelo suco lácteo, que fornece uma espécie de borracha. Espécies do gênero *Chrysophyllum* e *Pouteria* possuem madeira considerada pesada, algumas mais flexíveis e outras menos. Outro gênero da família que apresenta madeira bastante pesada e resistente às intempéries ambientais é o *Manilkara*. As espécies desse gênero são popularmente conhecidas como maçaranduba e recomendadas para reflorestamento com fins ecológicos. A espécie *Manilkara achras* é conhecida popularmente por sapoti e é utilizada na alimentação humana *in natura* e como doces (Figura 4.25).

Figura 4.25 – Ramo da árvore do sapoti (*Manilkara schras*) com frutos carnosos. É muito utilizada na alimentação humana.

Plantas com Flores e Frutos

71

4.3.6 Pelo hábito trepador

O hábito é o termo utilizado para descrever a forma de crescimento de uma planta qualquer. Essencialmente, os hábitos usuais podem ser árvore, arbusto, trepadeira, epífita e erva.

Cada espécie de planta tem um hábito, e raras exceções possuem dois hábitos no ciclo de vida. Assim se o hábito trepador ocorre em aproximadamente 32 famílias, é possível encontrar eliminação na família da planta que deseja identificar.

Dentre as 32 famílias de trepadeiras, as formas de escalada podem ser escandentes, por gavinhas, radicantes (que se prendem pelas raízes) ou por volubilidade. Há uma chave de determinação abaixo desenvolvida a partir das espécies encontradas no Parque Estadual das Fontes do Ipiranga, sendo possível a utilização da mesma para trepadeiras de outros locais, porque as famílias possuem características que se mantém (Figura 4.26 e Quadro 4.2).

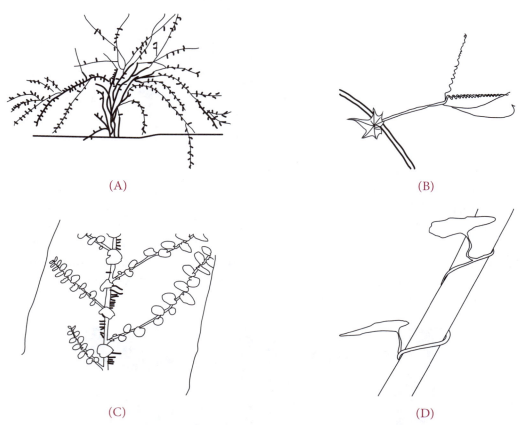

Figura 4.26 – Formas de escalada do hábito trepador: (A) escandente, (B) gavinhosa, (C) radicante e (D) volúvel.

4.3.7 Pelo hábito parasitário

Plantas parasitas são aquelas que crescem sobre outra e nela penetram raízes alimentadoras ou haustórios. Podem ser hemiparasitas quando alcançam somente o tecido xilemático. As holoparasitas retiram água e substâncias orgânicas dos tecidos vasculares da planta hospedeira.

Caso você reconheça o hábito parasitário não é difícil descobrir a família. São poucas famílias que apresentam espécies hemiparasitas e holoparasitas.

Quadro 4.2 – Chave de determinação para trepadeiras

1 Plantas trepadeiras radicantes, inflorescências em racemos ou umbelas ....Marcgraviaceae

1 Plantas trepadeiras escandentes, volúveis ou preênseis

  2 Plantas com gavinhas

    3 Folhas simples

      4 Folhas opostas...Loganiaceae

      4 Folhas alternas

        5 Duas gavinhas na bainha foliar...Smilacaceae

        5 Uma gavinha oposta a folha ou axilar

          6 Gavinha oposta à folha, formando ângulo de 90°; nectários ausentes ....Vitaceae

          6 Gavinha axilar; nectários presentes no pecíolo ....Passifloraceae

    3 Folhas compostas

      7 Folhas opostas...Bignoniaceae

      7 Folhas alternas

        8 Duas gavinhas simples

          9 Gavinhas na base da inflorescência; cápsulas ou esquizocarpos ..Sapindaceae

          9 Gavinhas alternas às folhas; legumes, folículos, lomentos, sâmaras ou craspédios ....Fabaceae

        8 Uma gavinha ramificada oposta à folha, formando ângulo de 90°

          10 Flores díclinas; pepônios.. Cucurbitaceae

          10 Flores monóclinas; bagas ....Vitaceae

  2 Plantas sem gavinhas

    11 Trepadeiras volúveis

      12 Folhas compostas

        13 Folhas opostas ....Valerianaceae

        13 Folhas alternas

          14 Flores díclinas; cápsulas tricocas..Euphorbiaceae

          14 Flores monóclinas; legumes, folículos, lomentos, sâmaras ou craspédio...Fabaceae

      12 Folhas simples

        15 Folhas alternas

          16 Nervação palmatinérvea

            17 Flores vistosas, zigomorfas...Aristolochiaceae

            17 Flores não vistosas, actinomorfas

              18 Pecíolo articulado; cápsulas aladas .... Dioscoreaceae

              18 Pecíolo simples; drupas...Menispermaceae

           16 Nervação peninérvea

             19 Inflorescências em capítulos; aquênios providos de pápus...Asteraceae

             19 Inflorescências em cimeiras, panículas ou racemos; cápsulas ou bagas

              20 Inflorescências em cimeiras escorpioides ....Boraginaceae

              20 Flores solitárias ou inflorescências em panículas ou racemos

                21 Brácteas persistentes vistosas .... Acanthaceae

                21 Brácteas caducas ou diminutas

                  22 Flores pouco vistosas; drupas ....Menispermaceae

                  22 Flores vistosas; bagas ou cápsulas

                    23 Bagas; anteras poricidas...Solanaceae

                    23 Cápsulas; anteras rimosas ....Convolvulaceae

        15 Folhas opostas

        24 Presença de látex ....Apocynaceae

Plantas com Flores e Frutos

73

24 Ausência de látex

    25 Nectários extraflorais presentes na folha .... Malpighiaceae

    25 Nectários ausentes

      26 Estípulas interpeciolares, persistentes.. Rubiaceae

      26 Estípulas ausentes ou rudimentares

        27 Inflorescências em capítulos .... Asteraceae

        27 Inflorescências em cimeiras ou racemos .... Celastraceae

11 Trepadeiras escandentes

  28 Folhas compostas .... Fabaceae

  28 Folhas simples

    29 Folhas alternas

      30 Ramos com estípulas transformadas em espinhos ....Phytolaccaceae

      30 Ramos sem as características acima

        31 Caules armados, espinhos em aréolas .... Cactaceae

        31 Caules inermes

          32 Casca papirácea, vermelha .... Dilleniaceae

          32 Casca não papirácea, castanha

            33 Ócrea presente.. Polygonaceae

            33 Ócrea ausente

              34 Nectários presentes no pedicelo...Marcgraviaceae

              34 Nectários ausentes

                35 Inflorescências em capítulos; aquênios providos de pápus .... Asteraceae

                35 Inflorescências em racemos ou panículas; cápsulas, drupas ou sâmaras

                  36 Limbo de margem serreada; pétalas calcaradas .... Violaceae

                  36 Limbo de margem inteira; pétalas não calcaradas .... Polygalaceae

    29 Folhas opostas

      37 Plantas armadas .... Loganiaceae

      37 Plantas inermes

        38 Presença de estípula interpeciolar

          39 Estípulas interpeciolares, persistentes... Rubiaceae

          39 Estípulas interpeciolares, caducas.. Trigoniaceae

        38 Ausência de estípula interpeciolar.

          40 Inflorescências em capítulos; aquênios provido de pápus.............................. Asteraceae

          40 Inflorescências em panículas ou racemos; cápsulas ou drupas

            41 Inflorescências em panículas; limbo de margem inteira; cápsulas.................Amaranthaceae

            41 Inflorescências em racemos; limbo de margem serreada; drupas.....................Verbenaceae

As principais famílias de angiospermas que possuem algum representante de planta parasita são Balanophoraceae, Convolvulaceae, Lauraceae, Loranthaceae e Santalaceae (Figura 4.27).

Balanophoraceae é uma família que apresenta ervas holoparasitas com raízes em árvores, por isso suas plantas são encontradas no chão. A família é composta por 12 espécies pouco conhecidas por serem subterrâneas, exceto quando em estágio reprodutivo.

A família Convolvulaceae tem o gênero *Cuscuta* que é holoparasita, possui 22 espécies conhecidas no Brasil, e é conhecido popularmente por "cabelo".

A maior parte das espécies da família Lauraceae são árvores e arbustos, e somente a espécie *Cassytha filiformis* é holoparasita.

Loranthaceae é composta por arbustos e ervas, frequentemente trepadeiras, hemiparasitas aéreos ou de raízes. Os gêneros parasitas são vários, conhecidos pela erva de passarinho. Somente o gênero *Struthanthus* possui 56 espécies. A maioria das espécies nativas possui flores pouco vistosas, mas em *Psittacanthus* as cores são muito chamativas, que podem ser amarelo-vivo. A *Psittacanthus robustus* é considerada uma espécie típica do cerrado.

Santalaceae são formadas por ervas, arbustos ou epífitas, hemiparasitas aéreas ou de raízes, às vezes espinescentes. Também conhecidas por erva-de-passarinho, sendo que a diferença dessa família é a inflorescência espiciforme inserida em cavidades.

Figura 4.27 – (A) Erva parasita *Lophophytum mirabile*. (B) *Cuscuta sp*. (C) *Cassytha filiformis*. (D) *Struthanthus orbiculares*. Plantas parasitas crescem sobre outra e nela penetra raízes alimentadoras ou haustórios.

4.4 Como coletar plantas com flores e frutos

Para coletar plantas com flores e frutos precisamos:
- » de, no mínimo, três amostras de cada planta;
- » coletar material fértil, ou seja, com flor e fruto em maior quantidade;
- » coletar, se possível, flores e frutos simultaneamente;

- » escolher amostras sem vestígios de ataques e infestações;
- » coletar dos dois tipos de flores em plantas monóicas (flores que tem sexo separado);
- » dê atenção para as plantas que perdem as folhas na floração (Ex.: *Tabebuia*);
- » realizar coletas tanto na floração como na frutificação;
- » preparar as amostras com tamanho semelhante ao da cartolina que se pretende fixar as amostras;
- » usar papel manteiga para proteger as flores de pétalas muito finas e delicadas;
- » prensar na coleta ou colocar em sacos plásticos e prensar no laboratório.

A seguir é demonstrada como é feita a coleta com a tesoura de alta poda. Se você deseja coletar um ramo florido e não tem uma tesoura dessas, é possível utilizar um estilingue com fio de nylon. Assim que acertar o ramo, troque o fio por outro mais forte para puxar o ramo (Figura 4.28).

(A)

(B)

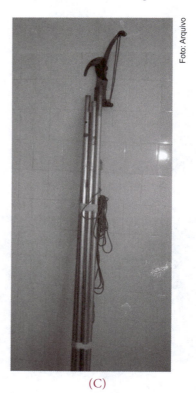

(C)

Figura 4.28 – (A) Coleta de árvore com tesoura de alta poda. (B) Tesoura de alta poda. (C) Material necessário para coleta e anotação.

Fique de olho!

Cuidado onde coletar

A lei nº 9.605, de dezembro de 1998, dispõe sobre as sanções penais e administrativas derivadas de condutas e atividades lesivas ao meio ambiente, e entre outras providências, estabelece em seu artigo 49, que é crime ambiental:

Art. 49 – Destruir, danificar, lesar ou maltratar, por qualquer modo ou meio, plantas de ornamentação de logradouros públicos ou em propriedade privada alheia.

Pena – Detenção de três meses a um ano, ou multa, ou ambas as penas cumulativamente.

4.4.1 O que coletar?

A decisão sobre o que coletar dependerá do objetivo do estudo ou pesquisa. Poderá, após a orientação de um professor, ser definido que grupo de plantas podem ser estudados. É importante salientar que são escassos os estudos taxonômicos da maioria dos grupos botânicos.

4.4.2 O que anotar?

Devemos anotar os dados gerais do nosso estudo ou pesquisa, como:

» local da coleta e localização precisa do indivíduo, país, estado, município, estrada;

» data da coleta;

» nome completo dos coletores;

» numeração do material.

Os dados da planta também devem ser anotados, como:

» hábito (árvore, erva, trepadeira etc.), porte (altura);

» presença de látex ou outro exsudato;

» polinizadores, cor e aroma das flores.

Não podemos esquecer de anotar os dados do ambiente, como:

» tipo de formação vegetal e estado de conservação;

» tipo de habitat (borda de estrada, beira de rio, alto da montanha);

» coordenadas geográficas, altitude;

» uso da área (agricultura, silvicultura, área urbana, parque etc.);

» informações como nome vulgar da planta, sua utilidade.

4.4.3 Como herborizar?

Para herborizar vamos precisar:

» De materiais necessários para herborização como folha de jornal, papelão e prensa (duas tábuas de madeira), alumínio corrugado; canais orientados no mesmo sentido, circulação do ar ascendente e ressecamento das amostras (se tiver), corda de sisal, correias.

» Após a coleta, repousar o material em local seco, como o chão de uma varanda. Abra o jornal, que deve ter o tamanho de 30 x 42 cm aproximado, disponha um ramo de forma que não fiquem muitas folhas sobrepostas. Se necessário, corte algumas delas e tente ocupar o máximo que puder espalhando o material. É importante virar umas duas folhas para que depois de costurada a face de baixo da folha possa ser observada. Feche o jornal e prossiga na montagem da prensa. O ideal para secagem mais eficiente é um papelão intercalando cada jornal com planta (Figura 4.29).

A prensagem de ramos com flores e frutos deve ser realizada em jornal, intercalados por papelão e corrugado, amassados por tábuas de madeira e presos por cordas de algodão. A ação consiste na desidratação do material por meio de pressão constante com o mínimo de enrugamento.

Plantas com Flores e Frutos

A prensa com material irá para uma estufa a 65ºC ou similar para secagem, em locais quentes como uma varanda ao sol ou forno.

Fique de olho!
Controle para não queimar o material nem a prensa. Se for secar ao sol, troque os jornais todos os dias para tirar a umidade, senão o material pode mofar.

O período na estufa ou no sol é variável dependendo da planta. Se a planta coletada for carnosa, ficará mais tempo do que uma planta com folhas finas e flores pequenas.

(A)   (B)

Figura 4.29 – (A) Planta do popular maracujá para ser herborizada. (B) Prensa com alternância de material no jornal e papelão intercalando, fechada com madeira e presa por cordas de algodão. São demonstrações do processo de herborização.

Após a secagem, a coleta pode ser montada, isto é, colocada em cartolina branca com costura (agulha e linha branca) e anexada à etiqueta com os dados que você anotou. Cada cartolina deve ter uma capa de papel parda ou branca. Agora esse material é a exsicata pronta para ser usada em aula ou atividade de pesquisa (Figura 4.30).

Figura 4.30 – Exsicata de *Dioscorea olfersiana* depositada na coleção científica do Instituto de Botânica de São Paulo. É a exsicata pronta.

Vamos recapitular?

Aprendemos que as angiospermas é o maior grupo de plantas existente no planeta atualmente. Foi mostrada a morfologia básica de uma angiosperma, que é a flor, por onde acontece a reprodução sexuada. Os principais grupos foram caracterizados de acordo com suas características, que podem ser semelhança a plantas e frutos, conhecidos como as famílias do trigo – Poaceae ou do abacaxi – Bromeliaceae. Por determinação em chaves: Asteraceae. Por características do fruto como o legume: Fabaceae. Por característica de hábito trepador: Passifloraceae, Bignoniaceae. Por característica de hábito parasita: Balanophoraceae, Loranthaceae. As famílias mais ricas em número de espécie e importância econômica foram descritas. Aprendemos ainda como fazer desenvolvimento de coleta, anotação das plantas e herborização para coleções científicas ou didáticas.

Agora é com você!

1) Colete três flores diferentes no jardim de sua casa (pode ser hibisco, azaleia, rosa etc). Para cada uma delas, observe-a primeiro e desmanche-a cuidadosamente separando pétalas, sépalas, ovário juntamente com estilete e estigma e antera com seus filetes. Conte quantas peças as três diferentes flores coletadas apresentam e esquematize-as.

2) Segundo a prancha a seguir, colete outras cinco flores e reconheça seu tipo.

Figura 4.31 – (A) Flor tubulosa. (B) Campanulada. (C) Rotada. (D) Labiada. (E) Hipocrateriforme.

Plantas com Flores e Frutos

3) Esquematize os tipos de frutos dos tomates, laranjas e maçãs e pesquise os seus nomes, identificando o posicionamento das sementes.

4) A partir das imagens abaixo identifique as famílias a que pertencem.

5

Vida e Mortalidade das Plantas

Para começar

Este capítulo tem a finalidade de demonstrar como são as formas de vida existentes nas plantas. A dormência da semente, como quebrá-la e dicas da importância do plantio. Como é o tempo de vida e que fatores causam a mortalidade das plantas. Como reconhecer ambientes por meio das plantas e características ambientais.

5.1 Hábitos ou formas de vida

A palavra hábito vem do latim *habitus*, que significa estado do corpo. Assim como "forma de vida" é um termo utilizado para descrever a forma de crescimento de uma planta.

Vamos à definição dos hábitos ou formas de vida: árvore, arbusto, trepadeira, erva, epífita (hemiepífita) e parasita (hemi ou holoparasita).

A árvore é uma forma de crescimento comum em plantas terrestres lenhosas, em que o vegetal cresce de forma monopodial (um só eixo) até atingir 1,5 a 2 m de altura e depois se ramifica. Posteriormente a planta forma um tronco não ramificado e a partir da ramificação uma copa (Figura 5.1).

Figura 5.1 – Forma de vida arbórea. Demonstrando o fuste e a copa.

O arbusto é forma de vida definida pela presença de caule lenhoso e ramificado desde a base, sem formar um fuste definido. Podem existir arbustos maiores que árvores, pois a altura não o define. Há variantes como arvoreta, que é uma árvore pequena (Figura 5.2).

Figura 5.2 – Planta arbustiva. Apresenta ramificação.

Trepadeira é planta que utiliza um suporte para ficar em pé, possui enraizamento permanente no solo, pode ter apêndices como gavinhas, volubilidade no caule, raízes saindo do caule para se fixar (radicantes) ou escandente. Este último pode ser chamado de arbusto escandente, que não se sustenta e se apoia em árvores, muros etc.

Há duas formas, conforme a consistência do caule: herbácea (verde, delicada, tecido vivo no caule) e lenhosa ou liana (castanha, lenhosa, com um tecido formando casca ou composta de células mortas) (Figura 5.3).

Figura 5.3 – Planta trepadeira apoiada em muro. A trepadeira utiliza um suporte para ficar em pé.

Erva é forma de vida com caule nunca lenhoso, ou seja, possui epiderme de células vivas (verde). Frequentemente são plantas de tamanho reduzido, mas há ervas que podem ser maiores que árvores, como, por exemplo, o capim (Figura 5.4).

Figura 5.4 – Erva. Pode ser alta como os bambus.

A epífita é planta que cresce sobre outra, usando-a apenas de suporte para alcançar a luz. Por crescerem longe do solo, possuem adaptações para absorver ou estocar água. Um grupo pequeno de epífitas tem parte da vida como trepadeira e, assim, suas raízes alcançam o solo, são chamadas de hemiepífitas. Exemplo comum são espécies da família Araceae, popularmente família do antúrio (Figura 5.5).

Figura 5.5 – (A) Epífitas de Bromeliaceae (*Tillandsia*) cobrindo a árvore. (B) Filodendro hemiepifítico em floresta.

As parasitas são aquelas que crescem sobre outra e nela penetram raízes alimentadoras ou haustórios. Há hemiparasitas e holoparasitas. Podem ser hemiparasitas quando alcançam somente o tecido xilemático. Já as holoparasitas retiram água e substâncias orgânicas dos tecidos vasculares de uma planta hospedeira (Figura 5.6).

Figura 5.6 – Planta hemiparasita da família Viscaceae (*Viscum album*).

Em ambientes florestais, principalmente os tropicais como a Mata Atlântica, as formas de vida vivem muito próximas, inclusive estabelecendo relações de afinidade ou competição (Figura 5.7).

Figura 5.7 – Ambiente interno do bioma Mata Atlântica. A figura demonstra as formas de vida como árvores, arbustos, trepadeiras, epífitas e ervas.

5.2 A fecundação e a formação da semente

Aderindo-se à superfície do estigma, o grão de pólen inicia sua emissão do tubo polínico, por meio do estilete, até atingir o óvulo. Tendo já se verificado um processo de divisão celular, em que a célula reprodutiva se divide em duas, uma das células une-se aos dois núcleos polares, iniciando-se a multiplicação celular. Esta ação dará origem ao endosperma ou albume, sendo um formado pela célula reprodutiva e outro em cada um dos núcleos polares. A outra célula reprodutiva une-se à oosfera, dando origem ao ovo, que será o futuro embrião da semente. A dupla fertilização é uma característica típica das angiospermas.

Após a fecundação, ocorre uma rápida multiplicação dos tecidos até o total desenvolvimento da semente.

O endosperma ou albume é um tecido de reserva que tem como função nutrir o embrião durante o seu crescimento. Muitas espécies florestais não possuem mais endosperma na semente como nas Fabaceae. Por exemplo, o pau-brasil (*Caesalpinia echinata*); pau-ferro (*Caesalpinia ferrea*); jacarandá (*Dalbergia nigra*) e outras. Nessas espécies, o endosperma foi totalmente consumido pelo embrião, restando apenas resquícios do tecido de reserva em alguns casos (Figura 5.8).

Figura 5.8 – Sementes de urucum (*Bixa orellana*) em fruto seco do tipo folículo.

5.2.1 Dormência nas sementes

A habilidade de muitas plantas de se desenvolverem em estações do ano ou regiões adversas depende da capacidade que apresentam de restringir o desenvolvimento sob condições desfavoráveis.

A dormência, também conhecida como repouso fisiológico, é um fenômeno em que as sementes não germinam quando expostas a condições favoráveis de ambiente, devido a fatores genéticos.

Fatores que influenciam na germinação:

» **Luz:** a influência da luz pode começar já na fase de maturação da semente. Algumas variedades de amendoim (*Arabidopsis*) podem germinar e se reproduzir no outono ou na primavera.

» **Temperatura:** as diferenças térmicas às quais as sementes são continuamente expostas constituem um sinal importante do ambiente nas etapas do desenvolvimento das plantas.

» **Potencial hídrico:** a água é o principal fator para a germinação, considerando que o embrião não cresce a menos que haja uma entrada de água nos tecidos.

» **Fatores químicos:** substâncias orgânicas e inorgânicas podem influenciar a germinação de sementes no solo. O nitrato é um promotor da germinação em inúmeras espécies, parece atuar juntamente com a luz e a temperatura.

» **Fatores bióticos:** no ambiente natural, as sementes sofrem influência de outras plantas e animais, que interagem continuamente com os fatores físicos. Por exemplo, o deslocamento de sementes por formigas, que ao transportarem para seus ninhos levam a semente a microambientes propícios à sua germinação.

Geralmente, a dormência é classificada em:

» **Primária:** já se encontra instalada na semente, ao final da maturação na planta-mãe.
» **Secundária:** quando se instala em sementes maduras após a dispersão. Surge quando a semente encontra situação de estresse ambiental como baixa temperatura.

5.2.2 Causas de dormência das sementes

Em relação aos mecanismos envolvidos na dormência estão:

» **Físicos:** causados por impermeabilidade dos envoltórios da semente, restringindo total ou parcial a difusão de água ao embrião.

» **Fisiológicos:** são causados por mecanismos inibitórios envolvendo processos metabólicos e o controle do desenvolvimento da semente.

» **Morfológicos:** referem-se a semente que é dispersa com o embrião não completamente desenvolvido.

Fique de olho!

Quer ajudar no plantio de áreas degradadas?

Se sim, é importante considerar alguns fatores. Sugerimos opções a seguir:

Regeneração natural: consiste em deixar a natureza agir sozinha, mas é necessário isolar a área para que nenhum impacto aconteça durante a recuperação.

Recuperação por meio de projeto — plantio por etapas: espécies pioneiras (tolerantes ao sol), posteriormente com alguma sombra plantar espécies secundárias (tolerantes a sombra) e por fim climácicas.

Características do ambiente: as espécies a serem plantadas devem estar de acordo com o clima, altitude e solo. Buscar referências se a espécie prefere solo seco, úmido, argioloso, arenoso etc.

Características geográficas: verifique que bioma existe onde quer recuperar a vegetação, como em matas ciliares, identificar as espécies que se adaptam bem ali, e preferir essas que já existem no bioma e se adaptam bem.

Objetivo do plantio: substituir vegetação anterior, enriquecer com espécies frutíferas para atração da fauna, como espécies melíferas e para apicultura.

5.2.3 Alguns processos para quebra de dormência das sementes

Existem alguns tratamentos que podem ser usados para quebra de dormência das sementes.

» **Estratificação:** consiste no tratamento da semente hidratada com baixa temperatura (entre 4 ºC e 6 ºC).

» **Alternância de temperatura:** sementes hidratadas são submetidas a um regime de trocas de temperatura, em geral alternando-se temperatura na faixa dos 30 ºC com outra, entre 10 e 15 ºC.

» **Tratamento químico:** consiste na embebição da semente em solução de fitorreguladores (nitrato, giberelinas etc.)

» **Escarificação:** usado nos casos de dormência física, consiste em submeter a semente a algum tratamento que facilite a difusão da água em seu interior. Por abrasão (lixamento), perfuração, imersão em substâncias corrosivas, em água fervente, entre outros.

Na tabela a seguir há exemplos de espécies nativas com o tipo de tratamento para a germinação da semente.

Vida e Mortalidade das Plantas

Tabela 5.1 – Tratamento de quebra de dormência para espécies nativas de importância para produção de mudas

Nome popular	Nome científico	Tratamento
Copaíba	*Copaifera langsdorffii*	Escarificação mecânica
Jatobá	*Hymenaea courbaril*	Escarificação com lixa
Pau-ferro	*Caesalpinia ferrea*	Ácido sulfúrico 45 segundos
Pau-marfim	*Balfourodendron riedelianum*	Escarificação mecânica

Figura 5.9 – Espécie importante para recuperação de áreas degradadas: *Copaifera langsdorffii*, conhecida como copaíba.

Figura 5.10 – Espécie importante para recuperação de áreas degradadas: *Hymenaea courbaril*, conhecida como jatobá.

Caesalpinia ferrea -'Leopard tree'/Wikimedia Commons

Figura 5.11 – Espécie importante para recuperação de áreas degradadas: *Caesalpinia ferrea*, conhecida por pau-ferro.

> **Fique de olho!**
>
> Banco de sementes
>
> A expressão banco de semente do solo foi empregada pela primeira vez por Roberts (1981) para designar o reservatório viável de sementes atual em uma determinada área de solo. Para Baker (1989), o reservatório corresponde às sementes não germinadas, porém potencialmente capazes de substituir as plantas adultas que tiveram morte natural ou não, e pelas plantas perenes que são suscetíveis às doenças de plantas, distúrbios e consumo de animais, incluindo o homem.
>
> As sementes permanecem nesse banco por um período determinado por fatores fisiológicos, como o tempo de germinação, dormência e viabilidade; e por fatores ambientais como umidade, temperatura, luz e presença de predadores.
>
> A importância de um banco de sementes laboratorial ou germoplasma está na preservação da genética de sementes de culturas utilizadas na subsistência do homem, como o milho, trigo, soja, batata, entre outros.
>
> Conheça mais sementes de espécies nativas: http://www.florestasnativas.com.br/

(A)   (B)

Figura 5.12 – (A) Sementes germinando no solo em região florestal. (B) Banco de germoplasma para pesquisa científica.

5.3 Tempo de vida das plantas

As plantas existentes são tão diversas que estão divididas de acordo com o tempo em que vivem. Podem ser anuais, bianuais ou perenes.

Planta anual se refere ao tempo de vida de um tipo de planta, que germina, cresce, floresce e morre no período de um ano. Algumas plantas anuais podem viver mais de um ano, se não houver condições apropriadas para reprodução (Figura 5.13).

Exemplos de plantas anuais é o milho, a alface, o alho-porro, a couve-flor, o melão, a ervilha, e a margarida.

Figura 5.13 – Estágios de crescimento de uma planta simbolizando uma planta anual.

Fique de olho!

Alface, uma planta anual

A alface é uma hortaliça, cultivada há milhares de anos e que sofreu intenso melhoramento genético, que originou em diversas variedades conhecidas no nosso cotidiano. As técnicas de horticultura e o melhoramento genético favorecem o cultivo o ano inteiro. As mais comumente encontradas são a alface crespa, lisa, roxa e americana.

Deve ser cultivada sob sol pleno, protegidas nas horas mais quentes do dia e em terreno fértil. Coloca-se para germinar as sementes em bandejas, posteriormente transplantadas ao local definitivo. Se o plantio de sementes for em local definitivo, deve-se cobrir com serragem fina até a germinação quando, então, a cobertura deve ser retirada.

Em geral, a colheita das folhas é feita entre 50 e 70 dias após a semeadura. Se as plantas ficarem mais tempo e formarem flores, elas ficarão amargas e não agradarão ao paladar.

Figura 5.14 – Alface florido, a planta fica mais alta, forma inflorescência e as folhas ficam endurecidas e amargas, não sendo consumidas.

Vida e Mortalidade das Plantas

Planta bianual é a planta que completa seu ciclo de vida em 24 meses. Essas plantas germinam e crescem vegetativamente comumente no primeiro ano e, no segundo, florescem, reproduzindo e originando frutos. São poucas as espécies bianuais. Exemplos: salsa, beterraba, cenoura (Figura 5.15).

Figura 5.15 – Planta bianual *Petroselinum crispum*, conhecida por salsa ou salsinha.

Plantas perenes é o termo utilizado para as espécies vegetais cujo ciclo de vida é longo, há muitos ciclos de floração e frutificação. As folhas persistem, não caindo totalmente. Podem ser herbáceas (apresenta epiderme verde), ou lenhosas (tem crescimento secundário, apresentando casca e lenho).

As plantas perenes herbáceas podem estar presentes em diversas famílias como em Poaceae, por exemplo, os bambus que demoram muito a florescer, alguns levam 60 anos.

As plantas perenes lenhosas são maioria e estão presentes nas florestas tropicais, como Mata Atlântica, Cerrado e Floresta Amazônica. Estas podem ser divididas em pioneiras, secundárias iniciais e tardias e clímax.

Pioneiras são plantas que têm crescimento rápido, se desenvolvem bem a céu aberto e têm tempo de vida curto na floresta, entre 6 a 15 anos. Estas normalmente são árvores de porte alto (18 m) e têm a característica da madeira ser considerada leve. Como plantas pioneiras que se desenvolvem rapidamente, elas formam uma camada de sombra que servirá como proteção ao crescimento das plantas secundárias. Na floresta tropical apresentam-se em pequenas quantidades de espécies, mas em alto número de indivíduos.

Exemplos são as espécies de manacá-da-serra, embaúba, pau-pólvora para Floresta Atlântica (Figura 5.16).

As espécies secundárias são plantas que necessitam de sombra para o seu crescimento inicial e só se desenvolvem na fase intermediária de formação de uma floresta. As espécies secundárias têm um crescimento mais lento do que as pioneiras. Podem ser divididas em secundárias iniciais quando sua idade observada em anos é de 15 a 25 anos.

Figura 5.16 – (A) Espécie arbórea pioneira (*Tibouchina* sp). Frequentemente crescendo em áreas abertas. (B) Folha de embaúba (*Cecropia pachystachya*).

Em secundárias tardias quando sua idade observada é de 25 a 50 anos. São espécies características do dossel ou do estado emergente, além de serem responsáveis pela alta diversidade das florestas tropicais.

Exemplos é caroba, camboatã, guaiuvira, guatambu, ipê-roxo, jacarandá-paulista (Figura 5.17 e 5.18).

Figura 5.17 – Espécie *Cupania vernalis*, conhecido como camboatã.

Figura 5.18 – Espécie *Machaerium villosum*, conhecido por jacarandá-paulista.

Espécies clímax é o último estágio alcançado por comunidades ecológicas ao longo da sucessão ecológica. Na sucessão, primeiramente, têm-se ambientes desprovidos de vegetação, seguidos por populações pioneiras, posteriormente as intermediárias ou secundárias, até que alcance o clímax.

Este estágio é caracterizado por compreender espécies que são as melhores competidoras da comunidade local. Geralmente, as espécies vegetais climácicas são de maior porte, além de mostrar alta eficiência entre produção e consumo de nutrientes. No estágio clímax, quando uma espécie é extinta, outra espécie típica de clímax a substitui, mantendo a ciclagem entre as comunidades de florestas e outros habitats de topo na sucessão ecológica.

Comunidade clímax representa uma situação natural em que a comunidade permanece com um nível estável em frequência de espécies (biodiversidade), onde a variabilidade dos recursos ambientais mantém-se pouco ociosa. Em clímax, a comunidade apresenta apenas leves modificações, causadas por pequenos distúrbios, que não a descaracterizam e rapidamente normalizam sua eficiência funcional.

Podem ser árvores de grande porte ou arvoretas do interior da floresta, que se crescem devagar e geralmente produzem frutos carnosos, muito dispersados pelos animais. As espécies climácicas vivem muito tempo, em geral por mais de 100 anos.

Como exemplos há o palmito-juçara, peroba-rosa, alecrim, jatobá-da-mata, grumixama, guamirim, jequitibá, canela-sasafrás (Figuras 5.19, 5.20 e 5.21).

Figura 5.19 – (A) Espécie climácica (*Euterpe edulis*) para a floresta Atlântica. (B) Raízes de *Euterpe edulis*.

Figura 5.20 – Espécie climácica *Eugenia brasiliensis*, conhecido por grumixama para floresta Atlântica, também está ameaçada de extinção.

Figura 5.21 – Espécie climácica *Cariniana estrelensis*, conhecida por jequitibá para floresta Atlântica.

Vida e Mortalidade das Plantas

5.4 A mortalidade das plantas

Agora você já aprendeu sobre o período de vida que as plantas têm, especialmente sobre as árvores perenes que podem viver mais de 100 anos. A senescência ou envelhecimento nas plantas superiores não deve ser vista como processo de deterioração, mas como parte integrante de um programa de desenvolvimento. A senescência é um conjunto de processos que leva à morte, e que pode ser visualizado a olho nu.

Podemos apontar quais as principais causas que adiantam a morte das plantas além do fim do seu ciclo natural.

Fatores como tempestade, fatores biológicos e estresse foram os principais fatores da morte de árvores durante um estudo de mestrado realizado no Instituto Nacional de Pesquisas da Amazônia (Inpa) na Amazônia.

Para ambientes urbanos como na arborização de médias e grandes cidades há diversos patógenos que atacam as árvores, fungos que causam podridão da raiz, insetos como broca e cupim são de grande importância, pois podem causar inúmeros prejuízos. Um dos fatores de ataque de brocas e cupim se deve a não diversificação de espécies na arborização urbana, caso fosse mais diversa a composição de espécies dos municípios, haveria menor incidência de um mesmo patógeno.

Outra causa de mortalidade não natural das árvores e plantas em geral são ocasionados por influência humana como incêndios e desmatamentos.

Amplie seus conhecimentos

Espécies ameaçadas

O processo de extinção está relacionado ao desaparecimento de espécies ou grupos de espécies em um determinado ambiente ou ecossistema. Semelhante ao surgimento de novas espécies, a extinção é um evento natural: espécies surgem por meio de eventos de especiação (longo isolamento geográfico, seguido de diferenciação genética) e desaparecem devido a eventos de extinção (catástrofes naturais, surgimento de competidores mais eficientes).

Atualmente, as principais causas de extinção são a degradação e a fragmentação de ambientes naturais, resultado da abertura de grandes áreas para implantação de pastagens ou agricultura convencional, extrativismo desordenado, expansão urbana, ampliação da malha viária, poluição, incêndios florestais, formação de lagos para hidrelétricas e mineração de superfície. Estes fatores reduzem o total de habitats disponíveis às espécies e aumentam o grau de isolamento entre suas populações, diminuindo o fluxo gênico entre estas, o que pode acarretar perdas de variabilidade genética e, eventualmente, a extinção de espécies.

Consulte a lista de espécies da flora ameaçada de extinção e se possível plante uma muda em área natural.

Para saber mais, acesse: http://www.ibama.gov.br/documentos/lista-de-especies-ameacadas-de-extincao

---

5.5 Como plantar e onde plantar

Comece a controlar as formigas cortadeiras uns 20 dias antes do plantio das mudas. Retire os animais que pastam no local. Faça uma cerca para impedir que os animais entrem na área que vai ser plantada. Roce só ervas e capins mais altos. Deixe todas as árvores e arbustos que já existem naturalmente, mesmo que sejam mudas pequenas.

O plantio deve ser feito de preferência em dias nublados ou chuvosos. As espécies de árvores vão ser escolhidas por propriedade, dependendo principalmente do solo, do relevo e da vegetação já existente na área. O espaçamento de plantio será de 3 m.

Retire o saco plástico, que protege a muda cortando com uma faca afiada. Segure o torrão com cuidado, para não soltar a terra em volta das raízes.

Com enxada, faça uma coroa de 80 cm de diâmetro. No centro desta coroa, prepare as covas com 25 cm de largura e 25 cm de profundidade. Misture com a terra retirada da cova: 120 g de adubo químico NPK, com maior quantidade de fósforo, como na proporção de 10:30:10 ou semelhante. Em lugar do adubo químico pode-se usar 3 litros de adubo orgânico bem curtido.

Coloque a muda na cova, deixando o colo na mesma altura do terreno. Encha a cova com terra e espalhe o resto da terra em volta da muda, alisando com a mão. Com as duas mãos, aperte levemente o chão em volta da muda. Lembre: enterre apenas as raízes da muda, até a altura do colo.

Depois do plantio da muda, aplique bastante cobertura morta na coroa, como folhas ou ramos, para evitar que ervas daninhas cresçam, mantenha a umidade do solo. Recolha os plásticos e outros restos que vieram com as mudas dando um destino adequado a este resíduo.

Figura 5.22 – Plantio de muda nativa observe a altura do colo para enterrar somente as raízes.

No Brasil existe uma série de áreas degradadas que podem receber mudas de árvores, nas áreas entorno dos rios e nascentes são as áreas de preservação permanente (APP). Essas áreas são geralmente de propriedade particular, consulte o proprietário se está de acordo com o plantio que você pretende fazer.

5.6 Reconhecendo ambientes

Agora que você já aprendeu sobre a forma de vida das plantas, sucessão das espécies que crescem nos ambientes, famílias etc. Vamos reconhecer ambientes a partir de alguns parâmetros (Tabela 5.2).

Tabela 5.2 – Características dos vários estágios de uma floresta tropical úmida

Característica	Vegetação Pioneira	Vegetação Secundária inicial	Vegetação tardia
Idade observada em anos	1 a 3	5 a 20	25 a 50
Altura (m)	5 a 8	12 a 20	20 a 30
Nº de espécies arbóreas	Poucas, 1 a 5	Poucas, 1 a 10	30 a 60
Crescimento	Muito rápido	Muito rápido	Intermediário a lento
Epífitas	Ausentes	Poucas	Muitas
Gramíneas	Abundantes	Abundantes ou escassas	Escassas

Fonte: BUDOWSKI, 1965.

Figura 5.23 – Área com predominância de gramíneas no primeiro plano, sendo considerada conforme a tabela mata de vegetação pioneira.

Figura 5.24 – Vegetação considerada secundária inicial possui altura baixa, poucas espécies de epífitas como indicadores.

Figura 5.25 – Floresta tropical considerada conforme tabela de vegetação tardia.

Vamos recapitular?

Aprendemos que as plantas têm formas de vida diferentes como árvores, arbustos, ervas, trepadeiras, epífitas e parasitas.

Que a vida de uma planta se inicia na semente, que possui estratégias de dormência até que hajam condições favoráveis de desenvolvimento. O que é dormência, tipos e como quebrar a dormência de uma semente. Dicas para plantar em áreas degradadas.

Aprendemos também como plantar, como reconhecer ambientes de baixo crescimento da vegetação a partir de alguns indicadores.

Agora é com você!

1) Monte uma prancha com fotos de uma planta de cada hábito, ou seja, uma árvore, epífita, trepadeira, arbusto, erva e parasita. Pesquise o nome popular e científico.

2) Faça um levantamento das espécies nativas que pertencem ao bioma onde você vive. Há biomas que tem abrangência em mais de um estado, caso isso aconteça verifique se condiz com o estado onde você reside.

3) Agora que você tem alguma experiência em coleta, vamos observar e coletar sementes de árvores nativas para fazer mudas. Para isso registre em quantos dias aconteceu a germinação e responda se houve dormência da semente que você coletou.

4) Promova com os colegas da sua sala de aula um plantio em área de preservação permanente de acordo com o que você aprendeu neste capítulo, após um semestre agende uma visita para acompanhar o crescimento da muda de árvore, o que pode ser feito com trena ou fita métrica para averiguar o diâmetro.

6

Pesquisador Amador e Profissional

Para começar

Este capítulo tem a finalidade de demonstrar como podem ser desenvolvidas pesquisas com os diferentes grupos de plantas. Apresenta ainda a possibilidade de desenvolver material e ou coleção sobre um tema como plantas ornamentais e medicinais, em praças e árvores isoladas.

6.1 O pesquisador

Todos nós nascemos interessados pela descoberta do mundo. No primeiro momento pelo mundo que nos é apresentado, posteriormente quando engatinhamos ou sabemos caminhar pelo que escolhemos descobrir. Assim se formam pesquisadores amadores e profissionais, no passado eles eram chamados de naturalistas.

Os naturalistas mais conhecidos foram Alfred Russel Wallace, Alexander von Humboldt, Charles Darwin, Auguste de Saint-Hilaire, Jean-Baptiste Lamarck e Carl von Linné. Todos eles se dedicaram à área das ciências e deixaram manuscritos importantes que embasam muito dos conceitos que conhecemos.

Darwin começou a se interessar por história natural muito cedo, quando ainda tinha 7 anos. Posteriormente, estudou medicina e teologia (Figura 6.1). Darwin partiu da Inglaterra em um navio, o brigue HMS Beagle, em uma viagem de cinco anos de observação, coleta que resultou em muitos textos. Assim, Darwin obteve reconhecimento como geólogo. Dentre os principais estudos está o da diversificação das espécies, que o levou à teoria da seleção natural.

Figura 6.1 – Charles Darwin com 7 anos já demonstrava dedicação em estudar a natureza.

As coletas de Darwin incluíam fósseis, material geológico e organismos vivos, muitos dos quais foram novas espécies descritas para ciência. A série de trabalhos desse naturalista o tornou referência nas áreas da biologia. A partir de suas anotações sobre as populações que conhecia, também escreveu visões sociais e antropológicas das regiões que visitou.

Na área da geologia, Darwin descreveu características geológicas apontando que foram resultado de processos graduais durante um longo período. Dentre os fósseis por ele encontrados estão o megatério e o gliptodonte, que não apresentavam sinais de terem sido extintos por mudanças climáticas ou catástrofe.

Após seu retorno à Europa, o pesquisador Richard Owen afirmou que os fósseis encontrados por Darwin eram semelhantes aos que viviam na mesma região, como as preguiças e os tatus.

Dentre as observações de Darwin, algumas eram semelhantes: duas espécies de ema na Argentina, que habitavam regiões diferentes, possuíam algumas áreas comuns; nas ilhas Galápagos, observou que cotovias eram diferentes de uma ilha para outra. Em Galápagos, as tartarugas gigantes possuíam características diversas, variando de ilha para ilha, resultado do isolamento geográfico (Figura 6.2).

Na Austrália, tomou como estranho o rato-canguru e o ornitorrinco, sugerindo à luz da teoria de Charles Lyell como "centros de criação". De volta à Inglaterra, foi lhe mostrado que o mesmo ocorria com as tartarugas e tentilhões.

Embora seja mais divulgado que Darwin estudou os animais de vários locais do mundo, cabe ressaltar que também estudos as plantas, em especial as plantas trepadeiras. Darwin fez inúmeros experimentos sobre o tempo que a planta leva para envolver o suporte ao qual ela se enrola, há um livro do autor sobre o movimento das plantas, quantifica o tempo que as trepadeiras levam para formar uma volta, duas etc.

O naturalista amador a exemplo de Darwin observa e registra o que encontra na natureza, inclusive faz inferências das mais variadas.

Figura 6.2 – Tartarugas das Ilhas Galápagos estudadas por Darwin em uma de suas viagens.

Fique de olho!

Faça uma ida a campo como um naturalista, pode ser em um jardim ou borda de mata. Leve contigo caderno, lápis, lupa de bolso e máquina fotográfica.

Dicas de observação, anotações e registros:

» Se for pela manhã com certeza haverá aves vocalizando, ouça com atenção se há mais de uma vocalização;
» Utilize roupas discretas e adequadas para não espantar os animais;
» Em um lugar, sem se mexer muito, observe e anote as formas de vida que estão no solo, em volta de você e as árvores que o cobrem, como altura, grupo a qual pertence, presença de látex, flores, frutos etc.;
» Fotografe com uma pequena régua ao lado para saber a escala;
» Se forem fazer coletas, leve um saco plástico para que as plantas não murchem antes da herborização.

Atualmente não há mais cursos de âmbito geral como a medicina que Darwin cursou. É importante saber que para ser um naturalista não é necessário cursar ou ter o diploma de graduação, para desenvolver um material como uma coleção didática basta ter curiosidade e interesse em ler. Claro, se sentir a vontade de trabalhar com essa atividade, opte por fazer um curso, mesmo um trabalho de conclusão de curso, poderá publicar e com certeza será utilizado por outras pessoas.

Abaixo estão exemplos de pesquisas que podem ser desenvolvidas. Você ainda pode sugerir temas que não foram pensados por ninguém, é assim que são descobertas as espécies e ideias novas na ciência.

6.2 Estudos com plantas medicinais

Para cada país, estado, município ou bairro podemos levantar uma ou mais características das plantas medicinais com um papel fundamental na cultura, história ou economia.

As plantas medicinais foram percebidas, identificadas e utilizadas desde antes de Cristo e durante a história de muitos povos, pois têm a capacidade de sintetizar uma variedade de compostos químicos, que podem ser aplicados para inúmeras finalidades.

Pelo menos 12.000 desses compostos foram isolados até hoje, um número estimado em menos de 10% do total existente. Abaixo estão algumas plantas medicinais reconhecidas por suas propriedades e de largo conhecimento (Tabela 6.1).

Tabela 6.1 – Plantas medicinais com nome popular, científico, família botânica, constituintes, partes utilizadas e indicações de uso

Espécie	Informações
	Alfazema, lavanda *Lavandula angustifolia* Família: Lamiaceae Constituintes: óleos essenciais de alfazema Partes utilizadas: flores secas **Propriedades da alfazema** *Em uso interno:* calmante, leve sonífero (distúrbios do sono), ansiolítico
	Ginkgo biloba, árvore-avenca *Ginkgo biloba* Família: Ginkgoaceae Constituintes: flavonóides, diterpenos: ginkgolidos A, B, C. Partes utilizadas: folhas de ginkgo biloba Efeitos: antioxidante, inibidor da agregação plaquetária, regulador da vascularização do cérebro. **Indicações** *Em uso interno:* para combater a perda da memória, por exemplo em idosos, os distúrbios de concentração, os distúrbios vasculares periféricos, os zumbidos no ouvido ou vertigens, a ansiedade.
	Eucalipto *Eucaliptus sp* Família: Myrtaceae Constituintes: óleo essencial de eucalipto (cineol, eucaliptol). Partes utilizadas: folhas Efeitos do eucalipto: expectorante, antibacteriano, antisséptico. Indicações do eucalipto: tosse, bronquite, resfriado, sinusite.

Espécie	Informações
	**Gengibre** *Zingiber officinalis* **Família:** Zingiberaceae **Constituintes:** óleos essenciais, gingeróis **Partes utilizadas:** rizoma **Efeitos do gengibre:** estimulante das secreções gástricas, tônico, antiemético, afrodisíaco. **Indicações do gengibre:** fadiga sexual (distúrbios eréteis), problemas digestivos, vômitos, náuseas (devido a uma quimioterapia, por exemplo), doença do refluxo gastroesofágico.
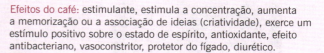	**Café, cafezeiro** *Coffea arabica* **Família:** Rubiaceae **Constituintes:** cafeína, ácidos clorogênicos **Partes utilizadas:** grãos **Efeitos do café:** estimulante, estimula a concentração, aumenta a memorização ou a associação de ideias (criatividade), exerce um estímulo positivo sobre o estado de espírito, antioxidante, efeito antibacteriano, vasoconstritor, protetor do fígado, diurético. **Indicações do café:** fadiga, enxaqueca (em associação a um antidor), dor de cabeça (com ou sem associação a um antidor), problemas de memória (efeito ainda não comprovado) cáries (em prevenção), diabetes (em prevenção), doença de Parkinson (em prevenção, diminui em 80% o risco de desenvolver o Mal de Parkinson), câncer de fígado (em prevenção), câncer do cólon (em prevenção, reduz em 25% o risco de desenvolver um câncer do cólon), câncer do útero, protetor do fígado em caso de alcoolismo (em prevenção), mau humor (humor depressivo), hipertensão (um café por dia provoca a diminuição da pressão arterial em algumas pessoas a até 9 milímetros de mercúrio, mais informações em conselhos sobre a hipertensão).
	**Erva-mate, chimarrão (bebida), mate, chá-mate, erveira, erva-mate, congonha** *Ilex paraguariensis* **Família:** Aquifoliaceae **Constituintes:** alcaloides à base de purinas (cafeína), taninos, polifenóis (ação contra o envelhecimento celular, segundo uma pesquisa da Universidade Nacional de Missiones, Argentina, julho 2009), potássio, magnésio. **Partes utilizadas:** folhas **Efeitos da erva-mate:** estimulante, diurético, emagrecedor: glicogenolítico (queima o açúcar), lipolítico ou liporedutor (queima as gorduras), antioxidante, anticelulite, contra o envelhecimento celular. **Indicações da erva-mate:** fadiga, excesso de peso (complemento em caso de regime), celulite, diabetes, redução do mau colesterol (LDL). Osteoporose (prevenção nas mulheres pós-menopausa).

Espécie	Informações
	Açaí, açaí-do-pará, açaizeiro, assai, piná *Euterpe oleracea* Família: Arecaceae Constituintes: ácido oléico, palmíticos, palmitoléicos e cianídrico, lignina, niacina, proteínas, gordura vegetal, frutose, glicose, sacarose, fibras brutas, sódio, potássio, cálcio, magnésio, ferro, cobre, zinco, fósforo, vitamina B1, α-Tocoferol (vitamina E), vitamina C, antocianinas. Partes utilizadas: frutos (geralmente em polpa após processado) Efeitos – propriedades: a principal ação do açaí é de antioxidante, devido principalmente à presença das antocianinas. Este efeito antioxidante é responsável pela ação antiinflamatória e da melhora do perfil lipídico (aumentar o colesterol bom e diminuir o ruim).
	Guaco, erva-de-serpentes, cipó-catinga, erva-de-cobra, uaco, erva-cobre, guaco-do-cheiro *Mikania glomerata* Família: Asteraceae Constituintes: óleo essencial, taninos, saponinas, substância amarga (guacina), cumarinas, guacosídeo. Partes utilizadas: folhas Efeitos: inibir inflamações imunológicas, inibir a vasoconstrição dos brônquios (broncodilatador), expectorante, antiespasmódicos, antiprotozoários (parasitas), anti-cândida e uma pequena atividade contra outras bactérias. Indicações: problemas respiratórios como bronquites, tosse, asma e alergias. (extratos alcoólicos e aquosos); diarreias e cólicas; leishmaniose e tripassomíase; candidíase (uso externo e interno).

6.3 Estudos com plantas ornamentais

Plantas ornamentais são aquelas cultivadas para decoração, ornamento ou beleza, normalmente utilizadas na área de arquitetura e paisagismo de espaços externos e internos. Foi registrado na civilização minoica que algumas espécies de lírio branco (*Lilium candidum*) eram cultivados para ornamentação.

A seleção de espécies se dá por meio de características como inflorescências e flores vistosas visualmente, coloridas e perfumadas. Algumas espécies são ornamentais por terem folhas vistosas, coloridas, formas ou aspecto geral interessante. Na área da horticultura, tem-se pesquisado como selecionar as características desejáveis para modificar plantas e, assim, deixa-las mais atraentes, com flores mais coloridas, duradouras etc. Dessa forma, há hoje muitas variedades novas de plantas para venda.

As rosas, cultivadas há milênios no Oriente Médio, já não se apresentam mais em seu estado original, mas a imensa variedade de formas e híbridos obtidos ao longo de todos esses anos de cultivo são sintomáticos da capacidade humana de transformar a natureza para atender suas necessidades.

Figura 6.3 – Lírio (*Lilium candidum*) primeira espécie provavelmente cultivada como ornamental.

As plantas ornamentais são muito procuradas para cultivos em ambientes externos como jardins, e ambientes internos de casas e apartamentos, além de jardins de inverno no interior de residências.

Tabela 6.2 – Plantas ornamentais

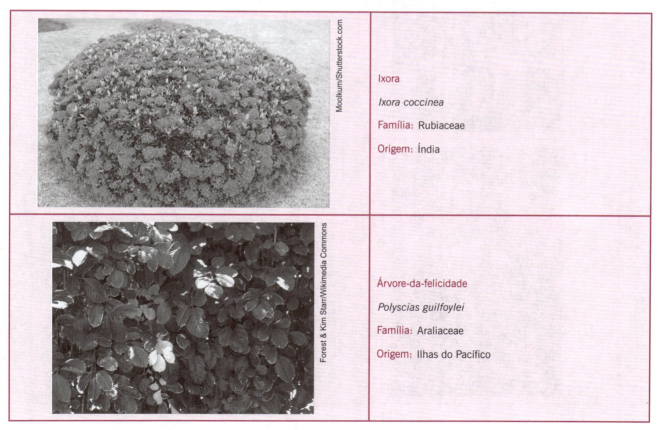

	Ixora *Ixora coccinea* Família: Rubiaceae Origem: Índia
	Árvore-da-felicidade *Polyscias guilfoylei* Família: Araliaceae Origem: Ilhas do Pacífico

Pesquisador Amador e Profissional

Camarão-flor

Justicia brandegeana

Família: Acanthaceae

Origem: México

Aspargo; aspargo-pendente; aspargo-ornamental

Asparagus densiflorus

Família: Liliaceae

Origem: África do Sul

Manacá-da-serra

Tibouchina sp

Família: Melastomataceae

Origem: Brasil

Zamioculca

Zamioculcas zamiifolia

Família: Araceae

Origem: Tanzânia e Zanzibar

Alpinia purpurata

Zingiberaceae

Família: Gengibre-vermelho

Origem: Java, China, Índia

Leiteiro-vermelho

Euphorbia cotinifolia

Família: Euphorbiaceae

Origem: América Central e norte da América do Sul

> **Fique de olho!**
>
> Outros grupos
>
> Planta ruderal (do latim: *ruderis*; "entulho") é a designação dada em ecologia às comunidades vegetais que se desenvolvem em ambientes fortemente perturbados pela ação humana, como depósitos de entulho, aterros, borda de caminhos e espaços similares. Por extensão, designam-se por *"plantas ruderais"*, ou por *"vegetação ruderal"*, as espécies e as comunidades vegetais típicas desses ambientes.
>
> Estas podem ser nativas; neste caso, não há muito problemas, pois compõem a fisionomia daquele espaço. Mas também podem ser exóticas àquele ambiente e, se são invasoras, podem causar problemas ambientais sérios ao ambiente e demais espécies nativas.
>
>
>
> Figura 6.4 – *Bidens pilosa*, planta ruderal, mas nativa brasileira.

6.4 Estudo de um forófito

Forófito é a árvore que porta epífitas. E estas somente utilizam como apoio para alcançar a luz. Embora as árvores sejam bem estudadas no Brasil, as epífitas que vivem sobre elas não são. É possível a partir de um forófito como este abaixo verificar quantas formas de vida existem, a que grupos pertencem (angiosperma, gimnosperma, pteridófita, briófita, alga etc.), a que família pertencem (Orchidaceae, Bromeliaceae, etc) e ainda contar as populações de cada organismo identificado (Figura 6.4).

A localização dos organismos parece não importar, mas são sim importantes para sua orientação, nem toda planta cresce diretamente para onde o sol alcança. É possível localizar as plantas em fuste baixo, fuste alto e copa.

Este trabalho tem cunho científico, e pode ser desenvolvido por alunos no ensino técnico e graduação. Os resultados esperados podem incluir uma lista dos organismos epifíticos e ainda que espécies arbóreas suportam um número alto de plantas. A partir desses resultados pode-se criar um guia fotográfico de cada planta que habita o forófito.

Figura 6.5 – Um forófito portando inúmeras epífitas. É característico de florestas tropicais úmidas.

Fique de olho!

Plantas pouco coletadas

Você pode contribuir com coletas ao depositar plantas em um herbário. Para saber se a planta que você coletou já foi coletada acesse http://inct.splink.org.br/. É possível saber quantos registros existem para o seu estado ou ainda para o seu município.

Contribua para conhecermos mais o nosso país!

No formulário de busca você preenche a planta que quer saber se existe coleta, ou ainda se digitar o nome do seu município saberá se há coletas lá, quantas, quem coletou e quando.

Figura 6.6 – Formulário de busca.

Pesquisador Amador e Profissional

111

6.5 Estudo de árvores das praças

O processo de urbanização foi um dos principais fatores que contribuíram para uma diminuição da vegetação em grandes cidades, o que compromete a qualidade de vida e desenvolvimento do bem estar humano.

A implantação arbórea nas vias públicas, avenidas, parques, praças, jardins e áreas privadas pretende amenizar os efeitos da urbanização, sendo que a análise das espécies plantadas é realizada observando heterogeneidade e diversidade e às necessidades do meio urbano. Há muitos benefícios que podem trazer o processo de arborização, como por exemplo, a redução da poluição e aumento do nível de oxigênio e umidade do ar, contenção de calor e melhoria do ambiente urbano.

6.5.1 Estudo de caso: praças em São Paulo

A partir da proposta do trabalho de conclusão de curso sobre o levantamento de árvores das praças de um bairro foram escolhidas por sorteio quatro praças na subprefeitura de Santo Amaro, município de São Paulo, sendo que a região apresenta uma considerável área de 37,50 km² (Figura 6.7).

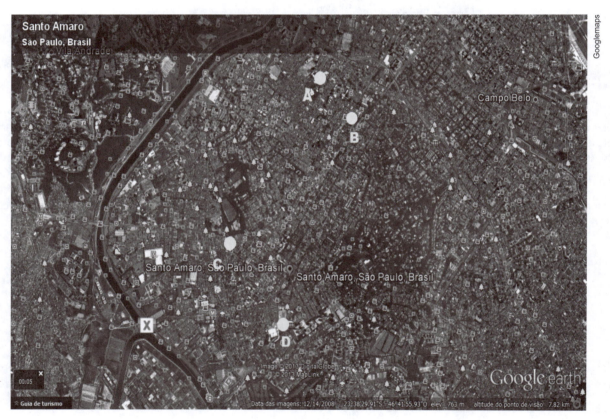

Figura 6.7 – Localização das quatro praças (A a D) para o levantamento arbóreo em bairro no município de São Paulo.

Os resultados desse estudo foi uma lista de árvores das quatro praças estudadas. Foram encontrados 135 indivíduos, correspondentes a 30 espécies de 14 famílias. A família predominante foi a Arecaceae com 40,30% da totalidade das praças. As imagens foram feitas com câmera não profissional, com alta resolução, com régua para referência de escala (Figura 6.8).

Figura 6.8 – Prancha de *Jacaranda puberula* observado no levantamento das praças.

Assim como esse trabalho em praças em São Paulo, você pode participar de um, fale com seu professor, procure saber mais informações sobre que espécies são plantadas no seu bairro.

Fique de olho!

Ramos da botânica taxonômica

O que é taxonomia?

Do grego antigo táxis, *arranjo* e *nomia*, método, é a disciplina acadêmica que define os grupos de organismos biológicos, com base em características comuns e dá nomes a esses grupos. Para cada grupo é dado uma nota e os grupos podem ser agregados para formar um super grupo de maior pontuação, criando uma classificação hierárquica.

Os estudos podem ser por afinidade, ou seja, estudar uma família (especialista em Bromeliaceae, por exemplo) ou serem estudos ecológicos, como o de uma vegetação ou uma guilda, que são as epífitas, trepadeiras, árvores, ervas, arbustos e parasitas.

6.6 Estudando uma família botânica

Como mencionado anteriormente, há estudos científicos que envolvem a pós-graduação na linha de pesquisa em taxonomia de uma família. O profissional será capacitado a identificar as espécies, inclusive a reconhecer espécies novas e revisá-las. Vamos conhecer um pouco mais da família para poder reconhecê-la.

A família Cactaceae é composta por ervas, geralmente suculentas, com caule segmentado em cladódios, que podem ser achatados ou colunares e costelados, menos frequente árvores e arbustos, alguns ramos curtos encontram-se transformados em aréolas com folhas e escamas modificadas em espinhos rígidos ou flexíveis, irritantes.

As folhas são modificadas em espinhos ou às vezes normais, alternas, simples, sem estípulas, geralmente carnosas. Inflorescências são cimosas, flores vistosas. Fruto baga ou cápsula carnosa. (Figura 6.9)

Figura 6.9 – Gêneros de Cactaceae: (A) *Acanthocereus* e (B) *Arrojadoa*.

Figura 6.10 – Gêneros de Cactaceae: (A) *Cereus* e (B) *Cleistocactus*.

(A)

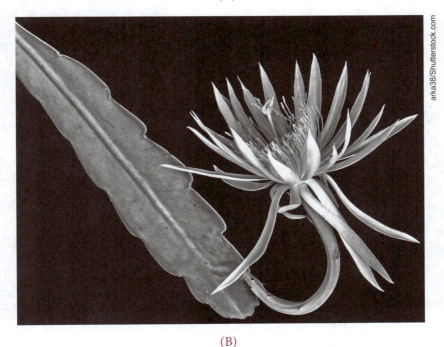

(B)

Figura 6.11 – Gêneros de Cactaceae: (A) *Discocactus* e (B) *Epiphyllum*.

Estudamos vários tópicos botânicos a partir da biologia da família ou da ecologia do grupo quando se tratam de epífitas, trepadeiras, plantas ruderais, etc. Provavelmente você notou que é importante registrar as plantas por fotografia ou por ilustração botânica, mesmo que você considere que seus desenhos não são bons, experimente após a coleta de uma planta, ainda fresca esquematizar o que você vê. Essa etapa contribuirá no seu aprendizado. Faça testes desenhando a flor inteira e as estruturas separadas da flor.

> **Amplie seus conhecimentos**

O que é e onde tem um jardim botânico?

Um jardim botânico é normalmente uma área delimitada em meio ao espaço urbano, destinada ao cultivo, manutenção, conservação e divulgação de vegetação (autóctone e exótica), além de empreender pesquisas em Botânica. A maioria é administrada por uma instituição pública ou privada.

Nestes espaços, as numerosas espécies e variedades de plantas selvagens e hortícolas cultivadas encontram-se estritamente identificadas e catalogadas.

De acordo com a Organização Internacional de Conservação dos Jardins Botânicos "os jardins botânicos são instituições que agrupam coleções documentadas de plantas vivas para fins de pesquisa, conservação, exposição e instrução científica".

Geralmente, os jardins botânicos dispõem de instalações adequadas para a conservação de espécies exóticas que não se adaptam bem ao clima local. As estufas, por exemplo, protegem as plantas que não toleram climas frios, proporcionando-lhes os fatores que favorecem o crescimento: ar, umidade, calor, luz etc.

Figura 6.12 – Jardim Botânico. Destinado ao cultivo, manutenção, conservação e divulgação de vegetação, bem como pesquisas em Botânica.

Para saber mais, acesse:

Curitiba (PR): http://www.parques-curitiba.com/jardim-botanico-ecologia.htm

Manaus (AM): http://www.jardimbotanicodemanaus.org/

Porto Alegre (RS): http://www.fzb.rs.gov.br/jardimbotanico/

Rio de Janeiro (RJ): http://www.jbrj.gov.br/

São Paulo (SP): http://www.ibot.sp.gov.br/jardimbot/jardim.htm

Ouro Preto (SP): http://www.ouropreto.com.br Acesse o site de Ouro Preto; lá, você achará o site do Horto.

Vamos recapitular?

Neste capítulo você teve o contato com alguns exemplos de pesquisa amadora e profissional. Podemos conhecer do naturalista que foi Darwin, mesmo quando criança. Foram abordados grupos de plantas para estudos ecológicos e taxonômicos, como plantas medicinais, ornamentais, ruderais, família Cactaceae etc. Ainda verificamos que é possível estudar um único forófito, levantar que árvores ou demais grupos de plantas foram plantadas em praças do seu bairro.

Agora é com você!

1) A partir de entrevistas com pessoas do seu bairro, identifique as espécies utilizadas medicinalmente, forma de utilização e que parte da planta é utilizada.

2) Faça um projeto de como colecionar plantas ornamentais na sua residência com identificação dos nomes popular, científico e família que pertence, se você não possui espaço em casa, projete mini-vasos. Escolha dez espécies de sua preferência entre folhagens, flores e frutos para compor sua coleção.

3) Em seu caderno, estabeleça as relações entre as imagens e a sua classificação conforme os grupos estudados:

(A)

(B)

Pesquisador Amador e Profissional

(C)

(D)

1) Espécie ornamental
2) Espécie nativa para plantio
3) Espécie medicinal
4) Espécie ruderal

4) A partir dos biomas brasileiros: Floresta Amazônica, Atlântica, Cerrado, Caatinga, Pampas enumere cinco espécies das diferentes formas de vida.

Bibliografia

BUDOWSKI, G. **Distribution of tropical American rain Forest species in the light of sucessional processes.** Turrialba, n.15, v.1, 1965, p. 40-42.

CORADIN, L.; SIMINSKI, A.; REIS, A. **Espécies Nativas da Flora Brasileira de Valor Econômico Atual ou Potencial.** Plantas para o Futuro – Região Sul. Brasília: Ministério do Meio Ambiente, 2011.

DURRELL, G.; DURRELL, L. **O naturalista amador.** Um guia prático ao mundo da natureza. São Paulo: Martins Fontes, 1996.

GONÇALVES, E.G.; LORENZI, H. **Morfologia vegetal.** Organografia e Dicionário Ilustrado de Morfologia das Plantas Vasculares. São Paulo: Instituto Plantarum de Estudos da Flora, 2011.

GRADSTEIN, S.R.; COSTA, D.P. The Hepaticae and Anthocerotae of Brazil. **Memoirs of the New York Botanical Garden**, v.87, 2003.

GRADSTEIN, S.R.; CHURCHILL, S.P.; SALAZAR-ALLEN, N. Guide to the Bryophytes of Tropical America. **The New York Botanical Garden.** 2001.

INCT- Herbário Virtual da Flora e dos Fungos. Disponível em: http://inct.florabrasil.net/

KERBAUY, G.B. **Fisiologia Vegetal.** Rio de Janeiro:Guanabara Koogan, 2012.

LAURENCE, J. **Biologia Plantas.** São Paulo: Editora Nova Geração, 2002.

LISTA DAS ESPÉCIES DA FLORA DO BRASIL. 2014. Jardim Botânico do Rio de Janeiro. Disponível em: <http://floradobrasil.jbrj.gov.br/>. Acesso em: 26 mai. 2014.

LORENZI, H. **Árvores Brasileiras.** 3.ed. v.1. ão Paulo: Instituto Plantarum, 2000.

MALCOLM, B.; MALCOLM, N. **Mosses and other bryophytes.** An illustrated glossary. New Zeland: Micro-Optics Press, 2000.

MICHEL, E.L. **Hepáticas Epifíticas sobre o Pinheiro-Brasileiro no Rio Grande do Sul.** Porto Alegre: Ed. Universidade/UFRGS, 2001.

PEREIRA, A.B. **Introdução ao Estudo das Pteridófitas.** ULBRA. 1999.

SOUZA, V.C.; LORENZI, H. **Botânica Sistemática.** Nova Odessa: Instituto Plantarum, 2005.